Spuren lesen

Religionsbuch für das 3./4. Schuljahr

Bayern

Diesterweg
westermann

calwer

Spuren lesen

Religionsbuch für das 3. / 4. Schuljahr
Ausgabe für Bayern

Herausgegeben von
Petra Freudenberger-Lötz

Erarbeitet von
Ulrike von Altrock, Petra Freudenberger-Lötz,
Ulrike Itze, Edelgard Moers, Anita Müller-Friese
und Brigitte Zeeh-Silva

Für Bayern bearbeitet von
Hans Burkhardt, Sabine Keppner
und Ulrike Xylander

Illustriert von
Yvonne Hoppe-Engbring

westermann GRUPPE

© 2017 Calwer Verlag GmbH Bücher und Medien, Stuttgart und
Bildungshaus Schulbuchverlage Westermann Schroedel Diesterweg
Schöningh Winklers GmbH, Braunschweig
www.calwer.com / www.diesterweg.de

Druck A⁴ / Jahr 2019
Alle Drucke der Serie A sind inhaltlich unverändert.

Redaktion: Stephanie Schönhof
Umschlaggestaltung: Annette Henko
mit einer Illustration von Yvonne Hoppe-Engbring
Druck und Bindung: Westermann Druck GmbH, Braunschweig

ISBN 978-3-425-07823-6 (Diesterweg)
ISBN 978-3-7668-4338-8 (Calwer)

Inhalt

Unser Schulbuch

Liebe Kinder,

jeder Mensch hat in seinem Leben viele Fragen.
Religionen greifen Fragen der Menschen auf
und helfen bei der Suche nach Antworten.

Sicher kennt ihr aus dem 1. und 2. Schuljahr schon
einige Geschichten aus der Bibel
und ihr seid euren Fragen dazu nachgegangen.
In diesem Schulbuch erfahrt ihr noch mehr
über die Bibel und den christlichen Glauben.
Ihr lernt auch einiges über andere Religionen.
Es werden neue Fragen aufkommen und ihr seid herausgefordert,
gemeinsam weiter nach Antworten zu suchen.
Ihr werdet dabei feststellen, dass auf eine Frage manchmal
verschiedene Antworten möglich sind und es spannend ist,
gemeinsam darüber nachzudenken.

Je mehr ihr euch mit einem Thema befasst,
desto besser könnt ihr euch eine begründete
Meinung bilden. Das Schulbuch will euch
dabei unterstützen.
Ihr findet in jedem Kapitel
viele Anregungen zum Umgang
mit dem betreffenden Thema.

Die Symbole vor den Aufgaben bedeuten:

 Besprecht eure Ideen.

 Geht der Sache auf den Grund
und denkt tiefer darüber nach.

 Gestaltet etwas mit euren Händen
(schreiben, malen, basteln, …)

 Kommt zur Ruhe, erlebt die Stille,
feiert, singt oder betet.

 Erarbeitet ein Rollenspiel,
ein Standbild, eine Pantomime, …

 Sucht Informationen über das Thema
(fragt Menschen, sucht in Büchern, im Internet, …)

Noten und ein Notenschlüssel neben einem Text bedeuten:

 Das ist ein Lied. Die Noten dazu findet ihr am Ende des Buches.

Ein **M** neben einem Text oder Lied bedeutet:

 Das ist wichtig. **Merken!**

Auf den folgenden Seiten haben wir Ideen zusammengestellt,
die euch helfen sollen, ein Thema selbstständig zu erarbeiten
und zu präsentieren.

Am Ende des Buches (ab Seite 108) erfahrt ihr,
wie ihr euch in der Bibel zurechtfinden könnt.

Wir wünschen euch viel Freude mit diesem Religionsbuch.

Euer Schulbuch-Team

Ein Thema selbstständig erarbeiten

Um Texte zu verstehen, kannst du so vorgehen:

- Sammle deine ersten Eindrücke: Was spricht dich an?
- Schreibe die wichtigsten Wörter und Sätze heraus. Notiere, was dir an dem Text wichtig ist.
- Welche Fragen hast du an den Text? Tausche dich mit anderen aus.
- Sammle weitere Informationen in Büchern und versuche, deine Fragen zu klären.

Beim Betrachten von Bildern kannst du dir die folgenden Fragen stellen:

- Was sehe ich?
  Welche Figuren, Formen und Farben erkenne ich?
  Was fühle ich?
  Wie verstehe ich das Bild?
  Welche Fragen habe ich an den Künstler?
- Tausche dich mit anderen aus.

Im Religionsunterricht gibt es besondere Ausdrucksformen:

Du kannst alleine oder mit Partnern ein Gebet schreiben und es mit der Klasse beten.
Du kannst eine Mitte gestalten, die zum Thema passt.
Um die Mitte herum bildet deine Klasse einen Sitzkreis.
Du kannst Stille üben.
Du kannst ein anderes Kind segnen.

Es gibt viele Möglichkeiten,
ein Thema kreativ zu erarbeiten:

- ein Plakat erstellen und darauf
  wichtige Texte und Bilder festhalten.
- ein Rollenspiel erarbeiten,
  ein Standbild bauen und fotografieren.
- eine Aufgabenstellung schriftlich mit anderen
  Gruppenmitgliedern auf einem „Platzdeckchen"
  diskutieren und in der Mitte
  die Gruppenmeinung zum Thema notieren.
- das Thema künstlerisch gestalten:
  z.B. malen, eine Collage anfertigen,
  ein Legebild erstellen.
- das Thema musikalisch gestalten:
  z.B. neue Strophen zu einem Lied dichten,
  Bewegungen oder einen Tanz
  zu einem Lied erfinden,
  Instrumente aus Alltagsmaterialien
  herstellen und damit ein Lied begleiten.

Zum Abschluss einer Arbeit ist es hilfreich,
wenn du dich fragst:

- Was habe ich herausgefunden?
- Was habe ich gelernt?
- Was ist mir besonders wichtig geworden?
- Worüber möchte ich noch weiter nachdenken?

Die Symbole !, ♥ und ? findest du auf jeder
Spurensuche-Seite.

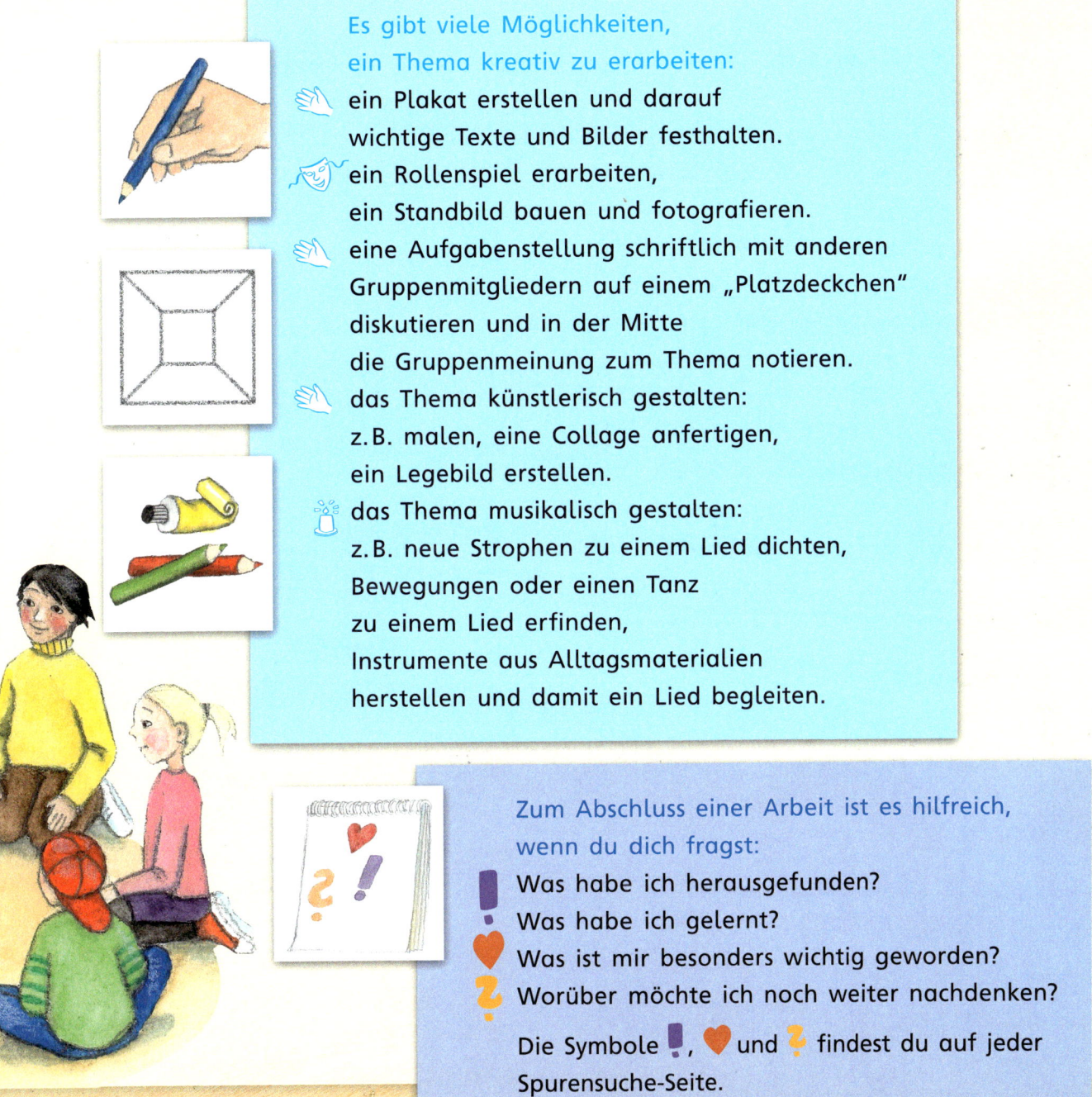

Gemeinsam auf dem Weg

Und so geh' nun deinen Weg
ohne Angst und voll Vertrau'n.
Dass du nicht alleine gehst,
darauf kannst du bau'n.
Gottes guter Segen zieht mit dir ins Land,
und auf allen Wegen hält dich seine Hand.

1. Du bist seine Perle, Gottes Schatz bist du,
   du bist einzigartig und nur du bist du.
   Niemand kann so lachen, niemand weint wie du.
   Wenn es dich nicht gäbe, fehlen würdest du.

2. Du bist in der Wüste, in der Dunkelheit
   niemals ganz verlassen, denn für alle Zeit
   wird der gute Hirte schützend bei dir sein.
   Auch in schweren Zeiten bist du nicht allein.

→ Seite 112

In welchen Situationen bittest du Gott um Hilfe?

Gestalte deinen Lebensweg mit seinen Höhen und Tiefen.

Ich bin vergnügt

Psalm
Ich bin vergnügt, erlöst, befreit.
Gott nahm in seine Hände meine Zeit,
mein Fühlen, Denken, Hören, Sagen,
mein Triumphieren und Verzagen,
das Elend und die Zärtlichkeit.

Was macht, dass ich so fröhlich bin
in meinem kleinen Reich?
Ich sing und tanze her und hin
vom Kindbett bis zur Leich.

Was macht, dass ich so furchtlos bin
an vielen dunklen Tagen?
Es kommt ein Geist in meinen Sinn,
will mich durchs Leben tragen.

Was macht, dass ich so unbeschwert
und mich kein Trübsinn hält?
Weil mich mein Gott das Lachen lehrt
wohl über alle Welt.

Hanns Dieter Hüsch

 Schreibe ein eigenes Gedicht, wie es dir im Augenblick geht.
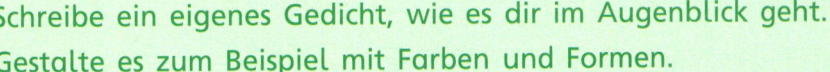 Gestalte es zum Beispiel mit Farben und Formen.

Wir erleben viel gemeinsam

„Eine gute Gemeinschaft erlebe ich, wenn ich meinen Freundinnen ein Geheimnis erzählen kann und die behalten es für sich!" (Jenny, 8 Jahre)

„In einer guten Gemeinschaft kann man sich einfach auch mal entschuldigen, wenn man Schmarrn gemacht hat, und dann ist es wieder gut." (Xari, 9 Jahre)

„In einer guten Gemeinschaft ist es egal, ob man eine Villa oder eine Mietwohnung hat. Schließlich sterben wir alle mal." (Benedikt, 9 Jahre)

„Ein Freund, der immer für mich da ist und mich nicht verrät, das ist für mich eine gute Gemeinschaft." (Luis, 9 Jahre)

„In einer guten Gemeinschaft will nicht einer immer alles alleine machen. Da darf jeder mal und alle halten zusammen." (Sophie, 9 Jahre)

„Gemeinschaft ist, wenn aus Flüchtlingen Freunde werden." (Clara, 8 Jahre)

 Was bedeutet für dich Gemeinschaft? Gestalte ein eigenes Puzzleteil.

Tauscht euch in der Gruppe über eure Gedanken aus.

Manchmal gibt es Streit

Schaut mal die beiden Ziegen an. Ist ja wie bei uns. Immer gewinnt der Stärkere.

Vielleicht muss es zwischendurch mal krachen!

Hätte das Gott nicht anders machen können, so dass sich alle gut vertragen?

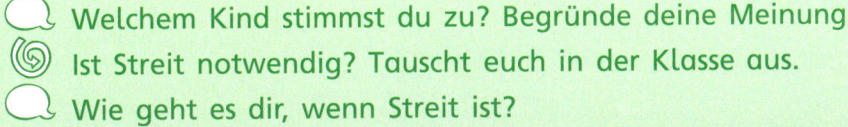

Welchem Kind stimmst du zu? Begründe deine Meinung.

Ist Streit notwendig? Tauscht euch in der Klasse aus.

Wie geht es dir, wenn Streit ist?

Achtung! Bissiges Wort!

Laura konnte Leo gut leiden. Genau genommen war Leo
sogar Lauras bester Freund.

Aber an diesem Tag hatte Laura sich das rechte Knie
zerschrammt. Und ein Glas Orangensaft verschüttet.
Und im Supermarkt keinen Schokoriegel gekriegt.
Dann kam Leo und gewann auch noch fünfmal
hintereinander beim Memory-Spielen.

Und da sagte Laura zu Leo: „Du !"
Noch während Laura „Du !" zu Leo sagte, tat es
ihr schon Leid. Sie meinte es überhaupt nicht so. Sie
hätte die ganze Sache mit dem  gern ungeschehen
gemacht. Aber: Gesagt ist gesagt.

Leo wusste nicht genau, was ein  war.
Aber bestimmt nichts Nettes – so viel war ihm klar.

Also nahm er Ferdinand, seinen Lieblingsbären, und ging nach Hause. Das war
nicht weit. Leo wohnte gleich nebenan.

Leos Mutter war erstaunt. Sonst blieb Leo immer viel länger
bei Laura. „Schon?", fragte sie. „Was ist los?"

„Laura hat  zu mir gesagt", erklärte Leo. „Das war nicht nett von Laura",
sagte Leos Mutter. „Bestimmt hat sie's nicht so gemeint. Am besten, du denkst
einfach nicht mehr dran."

So einfach war das aber nicht. Leo ging in sein Zimmer und versuchte, nicht an
 zu denken. Er bemühte sich wirklich. Aber es gelang ihm nicht. Das
saß auf Leos Bett und grinste ihn an. Als sich Leo wegdrehte, saß es zwischen
seinen Bären. Und dann hinter seinem Schulrucksack.

In dieser Nacht träumte Leo, dass alle in der Schule ihn so
seltsam anstarrten. „Ja klar!", dachte er. „Ich bin ja ein ".
Sein Nachbar rückte ein Stück von ihm ab. „Auch klar", dachte Leo,
„wer will schon neben einem  sitzen?"

Warum machen wir Menschen Sachen, die wir eigentlich gar nicht wollen?
Versetzt euch in die Lage von Laura und Leo und spielt die Geschichte weiter.

Am nächsten Tag in der Schule lag ein Päckchen Kaugummi auf Leos Platz. Leo schaute zu Laura. Sie schaute fragend zurück. Fast hätte Leo den Kaugummi genommen. Aber dann sah er das 〰. Es saß ganz oben auf der Tafel und schnitt Grimassen. Zornig schob Leo den Kaugummi weg.

Laura wartete darauf, dass Leo zur üblichen Zeit zu ihr kam. Aber die Türglocke blieb still. Den ganzen Nachmittag. Laura hätte gerne Memory gespielt. Sie hätte sogar gern beim Memory-Spielen verloren. Aber allein kann man nicht Memory spielen. Nicht einmal verlieren.

Auch Leo saß allein in seinem Zimmer. Erst machte er Hausaufgaben. Dann hörte er sich seine Lieblings-CD an. Dann überlegte er, ob er nicht einfach zu Laura gehen sollte und fragen, warum sie 〰 zu ihm gesagt hatte. Immerhin war Laura seine beste Freundin.

„Beste Freundin!", sagte das 〰 höhnisch. „Das ich nicht quietsche! Beste Freundinnen sagen nicht 〰 zu dir."

„Das stimmt", dachte Leo.

„Ich könnte ja einfach bei Leo anrufen und sagen, dass es mir leidtut", dachte Laura. „Immerhin ist Leo mein bester Freund." „Er war dein bester Freund", sagte eine boshafte Stimme. „Denkst du, jemand bleibt dein Freund, nachdem du 〰 zu ihm gesagt hast?"

„Auch wieder wahr", dachte Laura.

„Ich geh rüber zu Laura", sagte Leo zu seiner Mutter. Das 〰 verstellte ihm den Weg. „Kommt nicht infrage!", sagte es streng.

„Weg da", sagte Leo. „Du hast mir gar nichts zu verbieten!" Er machte entschlossen die Wohnungstür auf. Da stand Laura vor ihm.

„Ich wollte dir nur sagen …", begann sie.

„Alles klar", unterbrach sie Leo. „Ist schon okay." Unauffällig schaute er sich nach dem 〰 um. Aber es war verschwunden.

Edith Schreiber-Wicke

 Ist alles wieder gut, wenn man einen Fehler bereut?

 Muss man anderen immer verzeihen? Sammelt Argumente dafür und dagegen.

Gestalte ein Bodenbild, das von Schuld und Vergebung erzählt.

So können wir einen Streit schlichten

Viele Konflikte können Kinder alleine lösen.
Sie müssen dafür ihren Streit unterbrechen und ohne Gewalt ein Gespräch führen. Das ist gar nicht so leicht, besonders wenn die Streitenden sehr aufgeregt sind. Oft ist es nötig, dass Mitschüler oder ausgebildete Streitschlichter helfen.

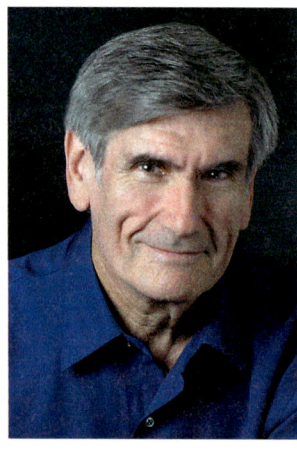

Marshall B. Rosenberg, ein amerikanischer Psychologe (1934 – 2015), hat hierzu ein Modell entwickelt. Er hatte die Vision von einer Welt, in der die Bedürfnisse aller erfüllt werden und Konflikte friedvoll gelöst werden. Dies nannte er „Gewaltfreie Kommunikation".

1.  Regeln für das Gespräch klären!

2.  Was ist passiert?
Was hast du gesehen?
Was hast du gehört?

3.  Was fühlst du?
Wie geht es dir?

4.  Was ist dir wichtig?
Was möchtest du?

5.  Was würde dir helfen, damit es dir besser geht?
Welche Idee hast du, um das Problem zu lösen?

6.  Welche Lösung passt für euch?

 Trainiert in Rollenspielen, mit diesen Regeln Streit zu schlichten.
Könnt ihr so Streitsituationen besser lösen? Tauscht euch darüber aus.
Informiert euch weiter über die „Gewaltfreie Kommunikation".

Martin Luther King
(1929 – 1968)

„Ich habe einen Traum, dass eines Tages
auf den roten Hügeln von Georgia die
Söhne früherer Sklaven und die Söhne
früherer Sklavenhalter miteinander am
Tisch der Brüderlichkeit sitzen können.
…
Ich habe einen Traum, dass meine vier
kleinen Kinder eines Tages in einer Nation
leben werden, in der man sie nicht nach
ihrer Hautfarbe, sondern nach ihrem
Charakter beurteilt.
Ich habe heute einen Traum!"

Martin Luther King, 28. August 1963

Psalm 126

Wenn einer allein träumt,
ist es nur ein Traum.
Wenn viele gemeinsam träumen,
ist das der Anfang einer neuen
Wirklichkeit.

Dom Hélder Câmara

Aber schau dir die Welt an.
Da vergeht mir das Träumen.

Mir gefallen solche Träume,
dass alles gut wird.

Ich will aber nicht aufhören
zu träumen. Vielleicht haben
noch viel mehr Menschen
solche Träume.

…

Nach Gott fragen – Gott ist größer

 Sprecht über die Fragen und versucht Antworten zu finden.

Wenn du Gott eine SMS schicken könntest, was würdest du ihn fragen?

 Wie stellst du dir Gott vor? Male oder schreibe.

Ich spreche mit Gott

1. Manchmal, wenn ich mit dir reden will,
   hab' ich ein komisches Gefühl.
   So viele Leute woll'n was von dir,
   wird dir das nicht auch mal zu viel?

   Sehe dich nicht, höre dich nicht.
   Weiß nur, dass du irgendwo unsichtbar nah bist.
   Sag' dir Hallo, wünsche mir so,
   dass du an mich denkst und mich nicht vergisst.

2. Kannst du wirklich jedes Wort versteh'n
   in allen Sprachen dieser Welt?
   Wenn einer stumm ist,
   hörst du das auch?
   Zeigst du ihm, dass das gar nicht zählt?

3. Manche sagen danke, manche nicht,
   wenn die Gefahr vorüber ist.
   Macht dich das traurig,
   weil sie nicht seh'n,
   dass in Not du der Helfer bist?

→ Seite 113

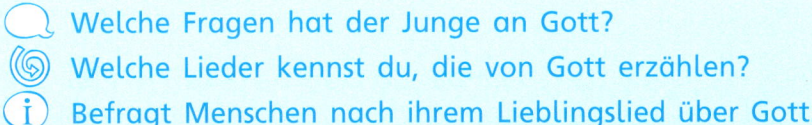

Welche Fragen hat der Junge an Gott?
Welche Lieder kennst du, die von Gott erzählen?
Befragt Menschen nach ihrem Lieblingslied über Gott.

Ich suche Gott in Bildern

Die Heimkehr des verlorenen Sohnes
Rembrandt Harmensz van Rijn (ca. 1662)

Die Erschaffung des Menschen
Marc Chagall (1956–58)

Wo Himmel und Erde sich treffen
Camille Flammarion (1888)

Erscheinung
Helmut Maletzke (2003)

18

 Was ist auf den Bildern zu sehen? Sprecht darüber.

Erzählen alle Bilder von Gott? Welches Bild überrascht dich?

 Wählt ein Bild aus und gestaltet in der Gruppe eine Klangcollage dazu.

Leiter zum Mond
Georgia O'Keeffe (1958)

One Candle
Nam June Paik (1988)

No. 15, ohne Titel
Mark Rothko (1952)

Werk ⃝937 Unendlichkeit ganz nahe
Friedensreich Hundertwasser (1993/94)

 Sucht weitere Bilder und gestaltet eine Ausstellung.

 Welches Bild spricht dich besonders an? Tauscht euch darüber aus.

 Schreibe deine Gedanken zu einem Bild auf.

Eine Tür öffnet sich

Ich bin so müde vom Weinen.
Die ganze Nacht weine ich,
mein Bett wird nass von Tränen.

nach Psalm 6,7

Zeige mir den Weg,
den ich gehen soll.
Ich lege mein Leben in deine Hand.

nach Psalm 143,8

Martin Luther fragt sich:

Was muss ich tun, um Gott zu gefallen? Wie finde ich einen gnädigen Gott?

Du bist nah denen,
deren Herz zerbrochen und
deren Mut zerschlagen ist.

nach Psalm 34,19

 Informiere dich über Martin Luther (Seite 80).

Was tat Martin Luther alles, um Gott zu gefallen?

Beschreibt, wie sich Martin Luther Gott vorstellt.

Martin Luther liest in der Bibel.
Er stößt auf eine Stelle
im Römerbrief:

Gott ist gütig.
Gott schenkt uns seine Vergebung.
Wer glaubt, der wird leben.

nach Römer 1,17

Barmherzig und gnädig ist der Herr,
geduldig und von großer Güte.

Psalm 103,8

Da erkennt Martin Luther:
Gott ist nicht strafend oder rachsüchtig, sondern barmherzig und gnädig.
Er vergibt uns, wenn wir etwas falsch gemacht haben.
Wir müssen nicht ganz viele gute Taten für Gott vollbringen, damit er uns lieb hat.
Wichtig ist vielmehr, von ganzem Herzen an ihn zu glauben.
Martin Luther schreibt seine Erkenntnis auf:
„Allein aus Glauben ist der Mensch vor Gott gerechtfertigt."

 Sprecht über die Entdeckung von Martin Luther.
 Suche deinen wichtigsten Satz auf der Seite. Gestalte ein Legebild dazu.
 Wo begegnet dir das Wort Gnade? Was bedeutet Gnade? Führt ein Nachdenkgespräch.

Gott ist wie ein guter Hirte

Der Herr ist mein Hirte,
mir wird nichts mangeln.
Er weidet mich auf einer grünen Aue
und führet mich zum frischen Wasser.
Er erquicket meine Seele.
Er führet mich auf rechter Straße
um seines Namens willen.

Und ob ich schon wanderte
im finstern Tal,
fürchte ich kein Unglück;
denn du bist bei mir,
dein Stecken und Stab trösten mich.

Du bereitest vor mir einen Tisch
im Angesicht meiner Feinde.
Du salbest mein Haupt mit Öl
und schenkest mir voll ein.

Gutes und Barmherzigkeit
werden mir folgen mein Leben lang,
und ich werde bleiben
im Hause des Herrn immerdar.

Der 23. Psalm – Ein Psalm Davids

 Warum ist dieser Psalm heute noch für viele Menschen von großer Bedeutung?
Schreibe einen eigenen Psalm. Beschreibe darin, wie Gott für dich ist.

Mit Gott lässt sich reden

Bitte:

Neige deine Ohren zu mir,
hilf mir schnell!
Sei mir ein starker Fels und eine Burg,
dass du mir helfen kannst.

nach Psalm 31,3

Klage:

Ich fühle mich so elend.
Es geht mir so schlecht wie noch nie.
Ist Gott plötzlich so weit fort,
dass er mich nicht mehr hört?

nach Psalm 22,2.3

Freude:

Wo Gott wohnt, da ist frisches Wasser.
Alles grünt und blüht.
Nichts muss vertrocknen.
Wo Gott zu Hause ist,
freuen sich Kleine und Große.

nach Psalm 46,5.6

Ein Psalm ist ein Gebet, das in biblischen Zeiten oft gesungen wurde. In der Bibel gibt es ein ganzes „Gebetbuch" mit Psalmen. Christen und Juden beten diese Texte heute noch. Sie zeigen, dass man Gott wirklich alles sagen darf.

Lob:

Gelobt sei Gott,
der mein Gebet nicht verwirft
noch seine Güte von mir wendet.

Psalm 66,20

Dank:

Ich darf mich hinlegen
und in Frieden schlafen.
Ich danke dir, Gott,
dass ich sicher bin bei dir.

nach Psalm 4,9

 Erstellt eine Kartei mit Psalmworten.
 Suche dir ein Psalmwort und gestalte es.
 Gibt es Situationen, in denen man keine Worte mehr findet?

Glaube macht stark

Wo zwei oder drei in meinem Namen versammelt sind, da bin ich mitten unter ihnen.

nach Matthäus 18,20

Wenn ich bete,
dann bin ich ganz bei mir
und mit Gott verbunden.

Moritz

Mein Herz ist unruhig,
bis es Ruhe findet in dir.

Augustinus

Mit meinem Gott kann ich
über Mauern springen.

Psalm 18,30

Was ist Glaube? Woran glaubst du? Was ist dir wichtig?

Glaube macht stark. Baut mit Partnern ein Standbild und fotografiert es.

Gestaltet eine Feier und erzählt von Situationen, die euch Kraft geben.

Maria F. ist 75 Jahre alt. Sie erzählt:

„Als Kind habe ich mit meinen Eltern und Geschwistern oft gebetet.
Das Vaterunser habe ich sehr gerne gemocht. Ich fand es schön,
mit Gott so sprechen zu können wie mit Vater oder Mutter.
In meiner Kindheit herrschte Krieg und eines Tages erreichte uns
die Nachricht, dass unser Vater gestorben war. Ich war sieben Jahre alt
und hatte drei kleinere Geschwister. Das war eine sehr schwere Zeit. Ich habe
versucht, meine Mutter zu unterstützen. Ich habe beobachtet, dass sie nie
aufgehört hat zu beten und dass sie alle ihre Sorgen vor Gott gebracht hat.
Für mich wurde in dieser Zeit das Vaterunser noch wichtiger. Es hat mich
getröstet, zu Gott Vater sagen zu können.

Als ich erwachsen war, lernte ich einen lieben Mann kennen und
gründete eine eigene Familie. Ich war glücklich, und es war mir wichtig,
auch meinen Kindern das Vertrauen mitzugeben, dass Gott uns im Leben
begleitet. Doch manchmal verstehen wir unsere Lebenswege nicht.
Ich habe nicht verstanden, warum mein Mann und zwei meiner Kinder
viel zu früh sterben mussten. Immer wieder fragen mich Menschen,
wie ich das verkraftet habe. Ich kann es nicht beschreiben.
Aber ich kann sagen, dass ich mich letztlich nie ganz alleine gefühlt habe.
Ich habe immer daran geglaubt, dass mein Leben von Gott gehalten ist,
in guten wie in schlechten Zeiten. Wie meine eigene Mutter,
so habe auch ich nie aufgehört zu beten. Ich hatte aber auch
liebe Menschen, die mich begleitet und getröstet haben.

Wenn ich über mein Leben nachdenke, frage ich mich,
wo eigentlich die Zeit geblieben ist. Ich denke gern
über mein Leben nach, ich habe viele gute Erinnerungen.
Im Rückblick bin ich mir ganz sicher, dass ich
bis zum jetzigen Tag ein erfülltes Leben hatte,
auch wenn es viel Leid gab."

 Wie hat der Glaube Maria in ihrem Leben geholfen?

 Was stärkt dich in deinem Leben?

 Befrage Menschen in deiner Familie, was Glaube ihnen in ihrem Leben bedeutet.

Glaube wird lebendig

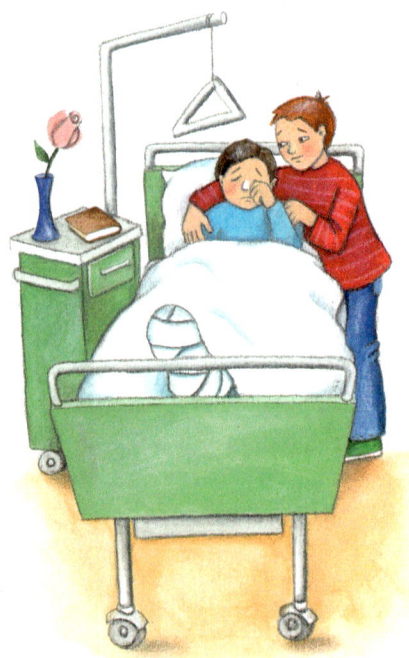

Der Geist Gottes lässt als Frucht eine Fülle von Gutem wachsen, nämlich: Liebe, Freude und Frieden, Geduld, Freundlichkeit, Güte, Treue.

nach Galater 5,22

 Was sind „Früchte des Glaubens"?

Erzählt von Beispielen, wie sich Glaube im Alltag zeigt.

Erstellt eine Collage dazu.

Wohin wir auch gehen,
selbst wenn wir Gott nicht sehen,
in Höhen und Tiefen,
in denen wir ihn riefen,
lässt er uns nicht allein,
will spürbar bei uns sein,
denn bei jedem Schritt
geht Gott mit,
denn bei jedem Schritt
geht Gott mit.

→ Seite 114

1. Johannes 4,16

Gott ist für mich ...

... wie der Freund der Tiere
und der Menschen.
... wie ein heller Strahl,
der mir Kraft gibt.
... wie ein Vater,
der immer Zeit
für mich hat.
... wie jemand,
der im Herzen
der Menschen wohnt.

... manchmal unbegreiflich.

Jakob und Esau

Schuld schmerzt.

Schuld ist schwer zu tragen.

Schuld versperrt die Sicht.

Schuld und Vergebung

Vergebung befreit.

 Hast du dich schon einmal schuldig gefühlt?

  Wie geht es dir, wenn dir Unrecht geschieht? Baue ein Standbild.

 Kann man Schuld wieder gut machen?

Isaak und Rebekka

Abraham war alt geworden und dachte:
„Isaak soll nun bald heiraten."
„Geh in meine alte Heimat und suche dort eine Frau für Isaak",
beauftragte er seinen Knecht. „Gott wird dir die Richtige zeigen."
Der Knecht machte sich auf den Weg nach Haran.

Dort angekommen traf er an einem Brunnen auf Rebekka.
Er bat sie um etwas Wasser.
Sie gab ihm ihren Wasserkrug und tränkte auch noch
seine Kamele.
„Kann ich bei deiner Familie heute zu Gast sein?",
fragte sie der Knecht.
„Ja, komm gerne mit zu uns", lud Rebekka ihn ein.

Beim Essen sprach der Knecht zu Rebekkas Vater:
„Abraham aus Kanaan schickt mich.
Er ist verwandt mit euch.
Ich soll für seinen Sohn in Haran eine Frau suchen.
Gott hat mich hierher geführt.
Ich denke, eure Tochter ist die Richtige."
Rebekkas Eltern schauten ihre Tochter an:
„Willst du in das Land Kanaan gehen und Isaaks Frau werden?"

nach Genesis 24,1–58

 Spielt die Szenen am Brunnen und im Haus nach.

 Welche Gedanken gehen Rebekka durch den Kopf? Schreibe sie auf.

Esau und Jakob

Rebekka ging mit Abrahams Knecht nach Kanaan.
Als Isaak und Rebekka sich trafen,
spürten sie sofort: Gott hat uns zusammengeführt.
Sie hatten sich sehr gern.

Bald war Rebekka schwanger.
Sie dachte: „Das sind bestimmt Zwillinge",
denn die beiden Kinder stießen sich gegenseitig in ihrem Bauch.
Sie hatte Angst um die Kinder und betete zu Gott.

Gott sprach zu Rebekka: „Zwei Völker sind in dir.
Der Ältere wird dem Jüngeren dienen."

Das erste Kind, das auf die Welt kam, hatte rote Haare
und eine raue Haut, wie ein Fell. Es war ein Junge.
Isaak und Rebekka nannten ihn Esau.
Er war der Erstgeborene.
Danach kam sein Bruder auf die Welt.
Seine Haut war glatt.
Isaak und Rebekka
nannten ihn Jakob.
Er war der Zweitgeborene.

> Mein Freund ist mein
> und nach mir steht
> sein Verlangen.
>
> Hoheslied 7,11

nach Genesis 24,58–67
und Genesis 25,21–26

 Gott spricht mit Rebekka. Was bedeuten seine Worte?
Wie werden sich die beiden Brüder vertragen?
Denkt euch Situationen aus und spielt sie.

Das Versprechen

Eines Tages kochte Jakob eine Linsensuppe.
Da kam Esau von der Jagd zurück: „Gibst du mir
etwas ab? Ich hab einen Bärenhunger."
„Nein", antwortete Jakob. „Erst musst du sagen,
was du mir dafür gibst."
Esau sprach: „Du kannst alles von mir haben.
Hauptsache, ich bekomme die Suppe."
Er war viel zu hungrig,
um nachzudenken.
„Gut", sagte Jakob,
„dann musst du mir aber
etwas versprechen. Gib mir
dafür dein Erstgeburtsrecht."

Wer mit Schuld beladen ist,
geht krumme Wege.
Wer aber rein ist,
dessen Tun ist gerade.

Sprüche 21,8

Von nun an bin ich
der Erste und du
bist der Zweite.

Ich verspreche es,
aber gib mir jetzt
endlich etwas zu essen.

Jakob reichte ihm den Topf mit der Linsensuppe.
Hastig aß Esau alles auf und legte sich dann
zum Schlafen in sein Zelt.   nach Genesis 25,29 – 34

 Stelle dir vor, du bist Jakob oder Esau. Schreibe einen Tagebucheintrag.
 Wie beurteilst du das Verhalten von Jakob und die Reaktion Esaus?
 Haben die Älteren mehr Rechte?

Der Segen für den Erstgeborenen

Geh auf die Jagd und mach mir einen Braten. Danach will ich dich segnen.

Gottes Verheißung soll in Erfüllung gehen.

Leg das Fell um deine Hände.

Komm näher, mein Sohn.

Bist du es, Esau?

Ja, ich bin es.

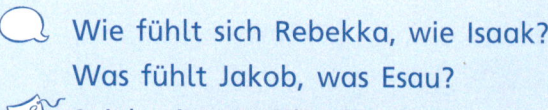

Wie fühlt sich Rebekka, wie Isaak?

Was fühlt Jakob, was Esau?

Spielt eine Familienkonferenz. Wie endet sie?

Die Flucht

„Du bist in großer Gefahr!", sagte Rebekka zu Jakob.
„Geh nach Haran zu meinen Verwandten.
Bleib solange dort, bis sich Esau wieder beruhigt hat."
Jakob machte sich sofort auf den Weg.
Als er am Abend müde wurde,
legte er seinen Kopf auf einen Stein und schlief ein.
Da hatte er einen eigenartigen Traum:
Eine Leiter führte geradewegs in den Himmel.
Auf der Leiter gingen Engel auf und ab.
Da hörte er Gottes Stimme.

Am nächsten Morgen sagte Jakob:
„Gott ist hier, und ich wusste es nicht.
Dies ist ein heiliger Ort."
Er stellte den Stein auf und nannte
den Ort Bethel – Haus Gottes.

nach Genesis 27,41–45
und 28,10–19

„Ich bin der Herr,

der Gott Abrahams

und der Gott Isaaks.

Ich bin auch dein Gott.

Ich bin bei dir.

Ich behüte dich auf deinem Weg.

Dieses Land will ich dir und deinen Kindern geben."

Warum ist Jakob in Gefahr und muss fliehen?
Wovon träumt Jakob? Warum ist dieser Ort heilig?
Stelle dir vor, du bist Jakob. Schreibe einen Brief an Rebekka.

Rückkehr und Versöhnung

Jakob blieb zwanzig Jahre in der Fremde.
Er bekam eine große Familie
und wurde ein wohlhabender Mann.
Doch er hatte Heimweh.
Gleichzeitig hatte er auch Angst vor Esau.
Eines Nachts sprach Gott im Traum zu Jakob:
„Jakob, geh wieder in deine Heimat zurück.
Vertraue mir. Ich gehe mit dir."
Jakob machte sich mit seiner Familie auf den Weg.

Am Abend kamen sie zum Fluss Jabbok.
Jakob war allein,
als ein Fremder kam und ihn angriff.
Sie kämpften lange.
Jakob bekam einen kräftigen Schlag
auf die Hüfte.
Da merkte er, dass Gott ihm
auf geheimnisvolle Weise sehr nahe war.
Deshalb hielt er die Gestalt fest und bat: „Segne mich!"
Der Mann antwortete: „Du sollst von nun an
nicht mehr Jakob heißen, sondern Israel".
Und er segnete ihn. Nun wusste Jakob,
dass Gott ihn beschützen würde.
Aber von nun an hinkte er.
Er war jetzt bereit, seinem Bruder entgegenzugehen.

Bald sah er ihn kommen.
Jakob verbeugte sich siebenmal vor ihm.
Doch Esau lief direkt auf Jakob zu
und umarmte ihn.   aus Genesis 31–33

> *Denn bei dir
> ist die Vergebung.*
>
> Psalm 130,4

 Wer kämpft mit Jakob? Warum hinkt Jakob anschließend?
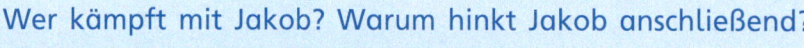 Wie fühlt sich Versöhnung an? Gestalte.
(i) Was bedeutet der Name „Israel"?

Streit

Versöhnung

Matthäus 5,45

Mutmach-Rap

Höre, du bist nicht allein.
Gott wird dein Begleiter sein.
Du hast Schuld auf dich geladen,
trotzdem will dir Gott nicht schaden.

Geh zum Bruder voller Mut.
Er liebt dich, hat keine Wut,
wird nicht nach Vergeltung streben
und kann dir die Schuld vergeben.

Niemand ist hier ohne Schuld,
doch Versöhnung braucht Geduld.
Gott will, dass wir nicht verzagen
und den neuen Anfang wagen.

Für mich ist Jakob ein starker Typ!

Ich kenne auch so einen Esau.

Für mich ist Esau ein starker Typ!

Ich kenne auch einen, der sich wie Jakob verhält.

Mose

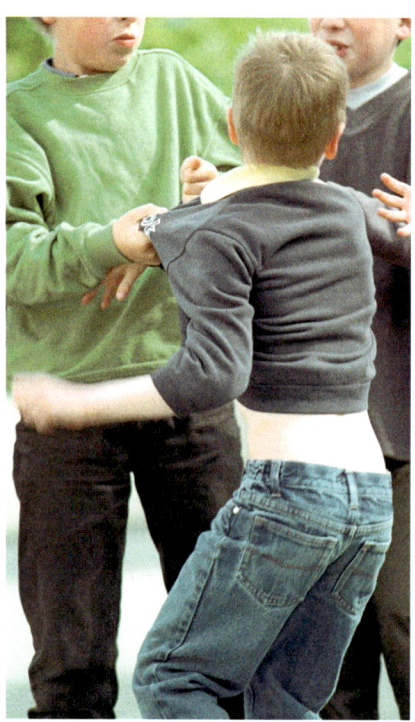

Druck spüren – sich unterdrückt fühlen – bedrückt sein:

Wer übt in deinem Leben Druck aus? Wo und wann fühlst du dich unter Druck?

Auch heute arbeiten Kinder als Sklaven.

Die Israeliten in Ägypten

Die Nachkommen Josefs blieben in Ägypten
und wurden dort zu einem großen Volk.

In Ägypten nannte man sie Hebräer.
Das bedeutet „fremd sein".
Der neue Pharao wusste nichts mehr von Josef
und was dieser für Ägypten Gutes getan hatte.
Er hatte Angst, dass das Volk der Hebräer
größer und stärker werden würde
als die Ägypter. Deshalb ließ er
die Hebräer Frondienste leisten.
Sie mussten als Sklaven Ziegel herstellen,
Städte bauen und auf den Feldern
hart arbeiten.

Das Volk Gottes wurde
trotzdem größer und größer.

Da befahl der Pharao,
alle Jungen der hebräischen Mütter
gleich nach der Geburt zu töten.
Nur die Mädchen sollten am Leben bleiben.

nach Exodus 1,1–16

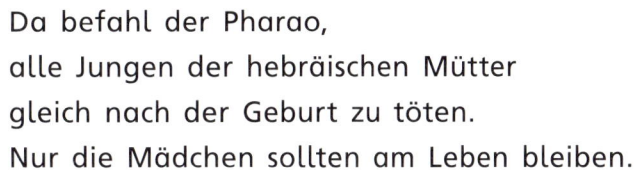
Warum fühlen sich die Israeliten fremd in Ägypten?

Wann fühlst du dich fremd?

Gestaltet Tränen der Hebräer und fügt sie zu einer Collage zusammen.

Mutige Frauen

Ein kleines Baby,
es hat Hunger und weint.
Ich will es zu mir nehmen
und wie meinen eigenen
Sohn lieb haben.

Schifra und Pua

Ich kenne
eine hebräische Frau,
die kann das Kind stillen,
bis es größer ist.
Dann kannst du
für das Kind sorgen.

Ich kann meinen Sohn
nicht länger verstecken.
Er soll nicht getötet werden.
Er soll leben!
Ich lege ihn
in ein Binsenkörbchen.
Der Nil ist zwar gefährlich,
aber noch gefährlicher
ist der Pharao.

Jochebed

Wir wollen
die neugeborenen
Jungen nicht töten.
Das kann nicht
Gottes Wille sein.
Sie sollen leben.

nach Exodus 1,17 und 2,1–10

ägyptische Prinzessin

Mirjam

38

Fünf mutige Frauen handeln nicht nach dem Willen des Pharao.
Ordne die Texte den Frauen zu.
Spielt die Geschichte. Zeigt dabei, wie mutig die Frauen sind.

Gott, hörst du mich schreien, kannst du mich befreien?

Druck, Druck, Druck!
Wer will denn leben unter
Druck, Druck, Druck?
Gott, hörst du mich schrei'n,
kannst du mich befrei'n
von dem Druck, Druck, Druck?

1. Fünf junge Frauen,
   sie leisten Widerstand.
   Sie müssen sich was trauen,
   erreichen allerhand.

2. Männer und Frauen
   damals und auch heut',
   die müssen sich was trauen,
   wenn Unrecht g'schieht den Leut'.

3. Schaut auf die Schwachen
   in unsrer kleinen Stadt.
   Wir müssen etwas machen,
   dass Druck ein Ende hat.

4. Gott will befreien
   auch mich von Druck und Frust.
   Er hört mein lautes Schreien,
   schenkt Trost und Lebenslust.

→ Seite 115

Singt das Lied und begleitet den Refrain mit Körperinstrumenten.
Kennst du Not und Unterdrückung in deiner Umgebung oder in der Welt?
Gestalte „Druck und Freiheit" mit Farben oder in einer Pantomime.

39

Ich bin da

Mose! Mose!

Hier bin ich.

Ich habe das Elend
meines Volkes gesehen.
Ich habe das Schreien
meines Volkes gehört.

Wer bin ich,
dass ich zum Pharao gehen
und das Volk aus Ägypten
herausführen könnte?
Wieso ich?

Sie werden mir
nicht glauben.

Ich kann es nicht!
Ich bin kein guter Redner.

Wer bist **du** eigentlich?

nach Exodus 3,1–13

 Was siehst du auf dem Bild von Marc Chagall? Was denkst du? Was fühlst du?

Mose zweifelt. Gott bestärkt ihn. Spielt das Gespräch (Exodus 3).

Wer oder was macht dich stark? Gestalte mit Farben oder Bewegungen.

Ich bin der ICH-BIN-DA

Ich werde da sein
und bin immer da.
Ich bin der,
der dein Da-Sein möglich macht.

Ich bin,
der ich sein werde,
und werde sein,
der ich bin.

nach Exodus 3,14–15

Sprich die Sätze einzeln und laut. Welcher Satz spricht dich besonders an?
Können auch wir Gottes Nähe spüren?
Stelle Feuer dar mit Farben, mit Bewegung, mit Klängen oder Sprache.

Gerettet

Gott spricht zu Mose: „Mache dich auf mit deinem Volk.
Ich will euch befreien." Mose kehrt nach Ägypten zurück. Doch der Pharao
weigert sich, das Volk ziehen zu lassen. Auch Naturkatastrophen können
den Pharao nicht umstimmen. Er hat ein hartes Herz.
Im Dunkel der Nacht fliehen die Israeliten aus Ägypten.
Der Pharao schickt seine Soldaten hinter ihnen her.
Doch die Israeliten werden in letzter Minute gerettet.

Die Freude über die Freiheit ist groß.
Moses Schwester Mirjam nimmt die Pauke in die Hand,
tanzt und singt ein Loblied auf Gott.

Froh sind wir alle,
Mann und Frau und Kind.
Gott schenkt uns Freiheit,
das Leben nun beginnt.

→ Seite 115

nach Exodus 14 und 15,1–21

 Singt das Lied und überlegt euch passende
Bewegungen der Freude dazu.
 Schreibt Wünsche für ein Leben in Freiheit auf.

Gefangen im Zweifel

Doch die Freude hält nicht lange an.
Der Weg ins gelobte Land ist weit.
Vor den Israeliten liegt die Wüste.
Es ist heiß und trocken.
Die Israeliten haben Hunger und Durst.
Sie sind erschöpft.
Die Menschen zweifeln an Mose,
sie zweifeln an Gottes Versprechen,
sie zweifeln an Gott.
Sie sehnen sich nach Ägypten zurück.

nach Exodus 15,22–27 und Exodus 16

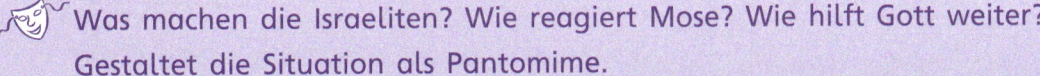

 Was machen die Israeliten? Wie reagiert Mose? Wie hilft Gott weiter?
Gestaltet die Situation als Pantomime.

Die Israeliten werden von Gott gestärkt. Schreibe ein Dankgebet.

Gott schenkt den Israeliten Weisungen für das Leben

Ich bin der Herr, dein Gott, der dich aus Ägypten geführt hat.
Du sollst keine anderen Götter neben mir haben.
Du sollst dir kein Bildnis machen von Gott.

Du sollst den Namen des Herrn,
deines Gottes, nicht missbrauchen.

Du sollst den Feiertag heiligen.

Du sollst deinen Vater
und deine Mutter ehren.

Du sollst nicht töten.

Du sollst nicht ehebrechen.

Du sollst nicht stehlen.

Du sollst nicht falsch Zeugnis reden
wider deinen Nächsten.

Du sollst nicht begehren
deines Nächsten Haus.

Du sollst nicht begehren deines Nächsten
Weib, Knecht, Magd, Rind, Esel noch alles,
was dein Nächster hat.

aus Exodus 20,2–17

 Welches Gebot ist für dich das wichtigste? Schreibe es auf. Gestalte es.
 Brauchen wir heute noch alle Gebote – oder vielleicht noch mehr?
 Betrachtet das Bild und kommt miteinander ins Gespräch.

Zehn Gebote als Schritte für ein Leben in Freiheit

Gott hat uns doch
in die Freiheit geführt –
und jetzt schreibt er uns
alles vor!

Ich kann dich gut verstehen, Mirjam.
Ich frage mich auch oft, wie die Gebote
zu begreifen sind. Ich stelle es mir so vor:
Gott hat uns alles geschenkt, was wir zum Leben
brauchen. Wir haben Tiere, Zelte, meistens auch
Wasser und etwas zu essen. Gott sorgt für uns.
Darum müssen wir niemandem etwas wegnehmen.

Das sind gute Gedanken, Mose!
Gott liebt uns. Darum haben wir
es gar nicht nötig zu stehlen.

Du darfst …

Du brauchst …

Du brauchst nicht
… denn …

Du musst nicht
…

…

Führt ein Nachdenkgespräch zum Thema: Was bedeutet Freiheit?

Schreibe das Gespräch von Mirjam und Mose zu einem anderen Gebot auf.

Überlegt euch Regeln für euer Zusammenleben in der Klasse. Gestaltet sie.

Ankunft im gelobten Land und Erinnerung

Der Weg durch die Wüste ist lang und beschwerlich. Aber die Israeliten
vertrauen darauf: Gott wird sie in das versprochene Land führen.
Es wird ein schönes, fruchtbares Land sein.
Ein Land, in dem Milch und Honig fließen.
Das macht ihnen Hoffnung auf ein Leben ohne Leid und Not,
auf ein Leben in Freiheit und Gerechtigkeit.

Bis heute feiern Juden
jedes Jahr am Passafest (Pessach)
die Befreiung aus Ägypten.
Beim Sedermahl essen sie Speisen,
die sie an die Ereignisse in Ägypten
und an die Flucht erinnern.
Sie erzählen sich die Geschichten
von der Knechtschaft in Ägypten,
dem Aufbruch in die Freiheit
und der Rettung am Schilfmeer.
Sie denken an den schweren Weg
durch die Wüste
und an Gottes Bewahrung.

(i) Informiert euch über die Speisen des Sedermahls und deren Bedeutung.

 Esst miteinander, singt und erzählt euch die Geschichten
der Befreiung des Volkes Israel.

When Israel was
in Egypt's land.
Let my people go.
Oppressed so hard
they could not stand.
Let my people go.

Go down, Moses,
way down in Egypt's land,
tell old Pharaoh,
to let my people go ...

→ Seite 115

*Spiritual, das im Jahre 1862
zur Zeit der Versklavung der
Schwarzen in den USA entstanden ist.*

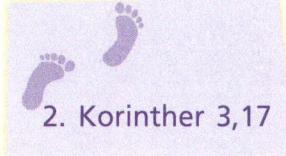

2. Korinther 3,17

Rote
Karte
gegen
Kinderarbeit

Freiheit heißt
für mich ...

Ich fühle mich
frei, wenn ...

Jesus Christus – Gott zeigt sich

Kinder malen Jesus.

Wie hat Jesus ausgesehen? Das weiß niemand.

Überlege, was die Kinder über Jesus denken:

Jesus ist einer, der …

Was ist dir an Jesus wichtig? Male ein eigenes Bild.

Menschen warten auf den Messias

Der Messias kommt, wenn alle Menschen Gottes Gebote halten.

Der Messias kommt, er wird uns von den Römern befreien.

Ich lasse mir mein Königreich nicht wegnehmen.

Ob der Messias auch zu mir kommt? Oder ist er nur für die Gesunden da?

Die Steuern sind zu hoch. Bringt der Messias endlich Gerechtigkeit?

Wenn der Messias kommt, werden alle Menschen zum Tempel kommen.

Propheten Gottes hatten versprochen: „Ein Kind wird geboren, Gott ist mit ihm. Der Retter wird Frieden bringen und Gerechtigkeit. Niemand muss mehr Angst haben. Keiner muss im Finstern bleiben."

aus Jesaja 9 und 11

Was denken die Menschen über den Messias?

Finde heraus, wie die Menschen im Land Israel lebten.

Warum warteten sie auf einen Retter?

Jesus wird getauft

Am Jordan predigt Johannes der Täufer:
„Kehrt um, denn Gottes Reich ist nahe.
Lasst euch taufen, Gott will euch eure Schuld vergeben."
Viele Menschen kommen und Johannes tauft sie mit Wasser aus dem Fluss.
Er sagt: „Nach mir kommt einer, der größer und wichtiger ist als ich,
auf den sollt ihr hören".
Die Menschen fragen: „Ist das der Messias?"   nach Lukas 3,15–16

Auch Jesus lässt sich
von Johannes taufen.
Da kommt Gottes Geist
auf ihn herab,
er sieht aus wie eine Taube.
Alle hören eine Stimme,
die vom Himmel her kommt:

„Du bist mein lieber Sohn,
dich habe ich erwählt".

nach Lukas 3,21–22

Dieses Bild hat der Künstler
Andrea del Verrocchio
im Jahre 1475 gemalt.
Er hat darin ausgedrückt,
wie er sich die Taufe Jesu
vorstellt.

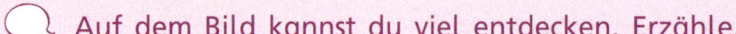

Auf dem Bild kannst du viel entdecken. Erzähle.

Jesus – Gottes Sohn? Sprecht darüber.

Sucht in einer Kirche das Taufbecken. Findet ihr dort eine Taube?

Jesus findet Freunde und Freundinnen

Nach seiner Taufe geht Jesus in die Wüste.
Er möchte allein sein und Zeit haben, um nachzudenken.
Nach 40 Tagen ist er sich sicher, was sein Auftrag ist.
Er geht zu den Menschen in Galiläa an den See Genezareth.

Er begegnet dort den Fischern Simon, Andreas,
Johannes und Jakobus.
Eines Morgens kommen sie enttäuscht
von der Arbeit zurück.
Sie haben die ganze Nacht gefischt und
kaum etwas gefangen.
Jesus ermutigt sie, noch einmal mit
ihm auf den See hinauszufahren.
Sie wissen, dass am Tag keine Fische zu fangen sind.
Aber sie vertrauen Jesus, weil sie spüren, dass er
im Namen Gottes spricht.
An diesem Tag sind ihre Netze voll.
Jesus sagt: „Gott hat etwas Besonderes
mit euch vor.
Kommt mit mir und werdet Menschenfischer."
Immer mehr Frauen und Männer schließen
sich ihm an.
Sie spüren: In Jesus kommt Gott mir nahe.

aus Lukas 4–5 und Matthäus 4

 Was meint Jesus mit „Menschenfischer"? Denkt darüber nach.
Was gehört für dich zu Freundschaft?
Haltet eure Gedanken auf einem „Platzdeckchen" fest.

Was ist das Reich Gottes?

Jesus zieht im Land umher. Er sagt: „Gottes Reich ist ganz nah,
ihr könnt es sehen!" Viele Menschen folgen ihm.
Sie fragen ihn: „Was ist das für ein Reich – das Reich Gottes?"

Erforschen und wissen

Viele Menschen
am See Genezareth
säen schwarzen Senf
in ihre Gärten.

Das Samenkorn ist
1 mm groß, die Pflanze
wird 2 m hoch.

Man macht daraus
Öl und Medikamente.

*Das Reich Gottes
ist wie ein kleines
Senfkorn.
Ein Mann sät es
in seinen Garten.
Es wächst und wird
ein Baum,
in dem die Vögel
ihre Nester bauen.*

nach Lukas 13,18–19

Nachdenken und verstehen

Warum vergleicht Jesus
das Reich Gottes
mit einem Senfkorn?

Was kann der Bauer
tun, damit der Same
wächst?

Wie wächst
das Reich Gottes
unter uns?

Ist das Reich Gottes
klein oder groß?

Was denkst du
über das Gleichnis?

Mein wichtigster Gedanke: ...

ⓘ Schau dir schwarzen Senfsamen an. Koste.
🌀 Überlege, warum die Geschichte Jesu „Gleichnis" heißt.
🎭 Stelle das Wachstum eines Samenkorns pantomimisch dar.

Jesus erzählt: Gottes Reich ist wie ...

Jesus sieht die Menschen, er spürt ihre Sehnsucht und ihr Vertrauen.
Er hört ihre Fragen und erzählt Gleichnisse.

... ein Schatz im Acker.

Matthäus 13,44

... ein großes Festmahl.

Lukas 14,15–24

... nach Hause kommen.

Lukas 15,11–32

 Lies die Geschichten in der Bibel.

 Vergleiche die Geschichten mit dem Gleichnis vom Senfkorn. Was fällt dir auf?

 Gestalte eigene Bilder für das Reich Gottes.

Wie ist es in Gottes Reich?

Jesus zieht im Land umher. Er sagt: „Gottes Reich ist ganz nah,
ihr könnt es erfahren!" Viele Menschen folgen ihm. Sie spüren:
Jesus kommt von Gott. Sie fragen ihn: „Wie können wir Gottes Reich erkennen?"

**Erforschen
und wissen**

Aussatz
ist eine ansteckende
Hautkrankheit.

Ein Aussätziger durfte
nicht mit Gesunden
zusammen sein.

Die Priester
im Tempel entschieden,
ob ein Mensch
gesund war.

*Ein Mensch hat am
ganzen Körper Aussatz.
Als er Jesus sieht,
bittet er: „Jesus,
wenn du willst,
kannst du mich heilen."
Jesus berührt ihn
und sagt: „Du bist rein,
geh und zeige dich
den Priestern."*

nach Lukas 5,12 – 14

**Nachdenken
und verstehen**

Woher hat Jesus
die Kraft,
Menschen zu heilen?

Was denken wohl
die anderen Menschen
auf dem Bild?

Wie fühlt sich
der Kranke?

Wie können wir heute
kranken Menschen
helfen?

Mein wichtigster Gedanke: ...

 Der Aussätzige begegnet Jesus. Gestalte diesen Moment
zum Beispiel mit Farben und Formen.

Kennst du andere Geschichten, in denen Jesus jemanden heilt? Erzähle.

Jesus handelt – Gott ist nahe

Jesus sieht die Menschen, er bemerkt ihre Angst,
ihre Traurigkeit und ihr Vertrauen.
Er sieht auch ihre Not und ihr Leid.
Er berührt sie. Da werden sie gesund
und verlieren ihre Angst.

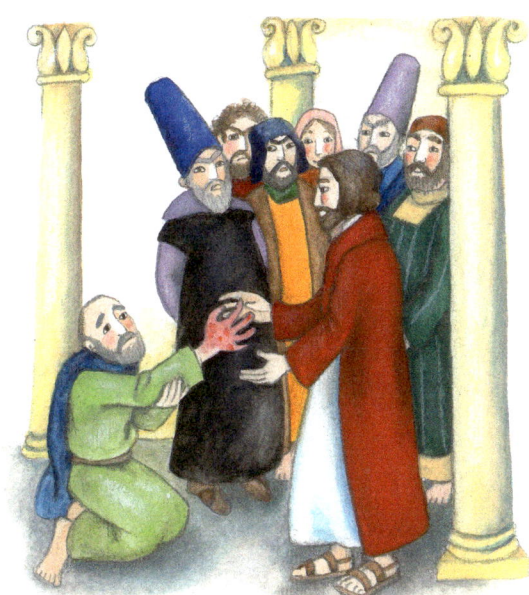

Er hilft auch am Sabbat.

Lukas 6,6–11

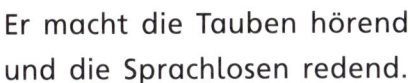

Er macht die Tauben hörend
und die Sprachlosen redend.

Markus 7,31–37

Wind und Wellen gehorchen ihm.

Lukas 8,22–25

ⓘ Lies die Geschichten in der Bibel. Forsche und denke weiter darüber nach.

Gestaltet eine Geschichte als Rollenspiel.

Wie zeigt sich in Jesu Handeln Gottes Nähe zu den Menschen?

Wie sollen wir leben?

Jesus zieht im Land umher. Er sagt: „Gottes Reich ist ganz nah, ihr könnt es erleben!"
Viele Menschen folgen ihm. Sie fragen ihn: „Wie sollen wir leben in Gottes Reich?"
Jesus sieht die Menschen, er spürt ihre Sorge und ihre Sehnsucht nach Heil.
Er sagt ihnen, worauf es ankommt: „Richtet euch nach meinen Worten.
Darauf könnt ihr bauen wie auf einen festen Grund."

Erforschen und wissen

Jesus wird gefragt: „Wer ist mein Nächster?" Als Antwort erzählt er die Geschichte vom barmherzigen Samariter. „Barmherzig" ist dieser, weil er dem Nächsten mit Liebe begegnet.

Ein Samariter ist ein Mensch aus Samaria. Die Samariter galten bei den Israeliten als „Ausländer" und wurden wenig geachtet.

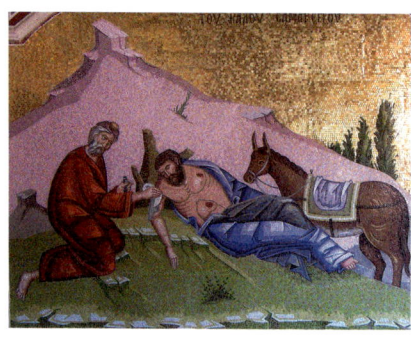

Für Jesus ist wichtig: „Du sollst den Herrn, deinen Gott, lieben von ganzem Herzen, von ganzer Seele und mit all deiner Kraft und deinem ganzen Gemüt, und deinen Nächsten wie dich selbst."

siehe Lukas 10,27–37

Nachdenken und verstehen

Dieser Satz wird auch das „Doppelgebot der Liebe" genannt – warum wohl?

Ist dieses Gebot einfach oder schwer zu halten?

Was wäre, wenn sich alle Menschen an das Doppelgebot der Liebe halten würden?

Mein wichtigster Gedanke: ...

 Lest im Lukasevangelium die Geschichte nach und spielt sie als Rollenspiel.
Gestaltet ein Kunstwerk zum Doppelgebot der Liebe.
Stellt euch eure Kunstwerke gegenseitig vor und erklärt diese.

Jesus sagt, worauf es ankommt

Ihr seid das Licht der Welt.

Matthäus 5,14

Jesus lehrt uns beten:

Vater unser im Himmel,
geheiligt werde dein Name.
Dein Reich komme,
dein Wille geschehe,
wie im Himmel, so auf Erden.
Unser tägliches Brot gib uns heute.
Und vergib uns unsere Schuld,
wie auch wir vergeben unsern Schuldigern.
Und führe uns nicht in Versuchung,
sondern erlöse uns von dem Bösen.
Denn dein ist das Reich und die Kraft
und die Herrlichkeit in Ewigkeit.
Amen.

Matthäus 6,9–13

Liebt eure Feinde.

Matthäus 5,44

Sorgt euch nicht um euer Leben.

Matthäus 6,25

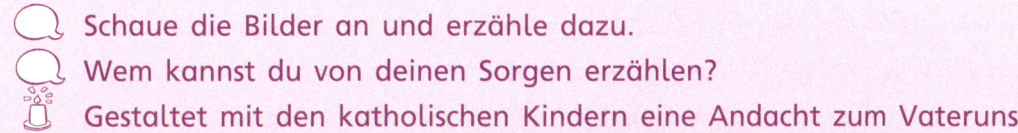

Schaue die Bilder an und erzähle dazu.

Wem kannst du von deinen Sorgen erzählen?

Gestaltet mit den katholischen Kindern eine Andacht zum Vaterunser.

Menschen folgen Jesus

Jesus hat viele Freunde. Menschen, die ihm begegnen, spüren:
Er ist Gott ganz nah. Sie folgen ihm und wollen leben,
wie er es gesagt hat. Das ist aber nicht immer leicht.

Maria aus Magdala

Jesus hat sie von einer schlimmen
Krankheit befreit. Sie folgt ihm
bis nach Jerusalem und unter-
stützt ihn mit ihrem Vermögen.

Maria und Martha

Sie sind Schwestern und
laden Jesus oft
zu sich ins Haus ein.

Petrus

Er ist einer der Jünger Jesu.
Petrus hieß eigentlich Simon.
Jesus nennt ihn Petrus, das bedeutet:
der Fels. Immer wieder erinnert
sich Petrus an seine erste
Begegnung mit Jesus am
See Genezareth.
Er weiß: Jesus ist der Messias.

Bis heute folgen Menschen Jesus nach.
Es gibt viele bekannte Persönlichkeiten,
Sportler, Musiker, Schauspieler,
für die Jesus in ihrem Leben wichtig ist.

 Findet Prominente, die ihr Leben an Jesus orientieren. Informiert euch im Internet.
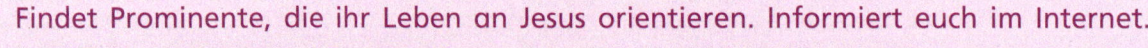 Gestaltet eine Bildergalerie mit Steckbriefen von diesen Personen.
Gibt es in eurer Umgebung Menschen, die im Sinne Jesu handeln?

Jesus hat nicht nur Freunde

Jesus geht nach Jerusalem. Im Tempel jagt er die Händler hinaus.
Er sagt: „Beim Propheten Jesaja steht: Mein Haus soll ein Bethaus sein.
Ihr habt es zu einer Räuberhöhle gemacht".
Täglich lehrt Jesus im Tempel. Die Hohenpriester, die Schriftgelehrten
und die Angesehensten des Volkes wollen ihn umbringen.
Aber sie finden keinen Weg, wie sie es machen sollen,
weil das ganze Volk an ihm hängt und ihm zuhört.

nach Lukas 19,45–48

ⓘ Lies die Geschichte in der Bibel. Forsche und denke weiter darüber nach.
💬 Warum ist Jesus zornig? Ob er heute auch manchmal wütend wäre?
🎭 Spielt ein Streitgespräch: pro und kontra: für oder gegen Jesus.

Jesus leidet und stirbt

In Jerusalem feiert Jesus mit seinen Jüngern das Passamahl. Er sagt:
„Teilt miteinander Brot und Wein. Dann bin ich bei euch. Das gilt für alle Zeiten."

Jesus ist allein, er weint und klagt.
Gott gibt ihm Kraft und Mut.
Petrus und die anderen Jünger schlafen.

Jesus wird gefangen genommen.
Petrus und die Jünger fliehen.

 Wo wird heute Brot und Wein geteilt, wie Jesus es gesagt hat?
Schaue auch auf Seite 84 nach.
Gestaltet ein Mittebild, legt Klagesteine dazu, teilt miteinander Brot.

Petrus sagt: „Ich kenne ihn nicht."

Jesus wird gefragt:
„Bist du der König der Juden?"

Jesus betet: „Mein Gott, mein Gott, warum hast du mich verlassen?" Er stirbt am Kreuz.

 Beschreibe die Gefühle von Petrus.

 Gestaltet in eurer Klasse einen Passionsweg mit Naturmaterialien.

Warum hängt in Kirchen ein Kreuz? Wo kannst du noch Kreuze finden?

Ostern – Jesus ist auferstanden

Drei Tage nach der Kreuzigung gehen Maria aus Magdala
und zwei andere Frauen zum Grab Jesu. Sie weinen.
Sie sind traurig, weil sie Jesus verloren haben.
Am Grab sind zwei Männer in glänzenden
Gewändern. Sie sagen: „Warum sucht
ihr den Lebenden bei den Toten?
Jesus ist nicht hier,
er ist auferstanden."
Die Frauen erzählen
die freudige Nachricht
weiter.

nach Lukas
24,1–12

Drei Tage nach der Kreuzigung gehen zwei Jünger
von Jerusalem nach Emmaus. Auch sie sind traurig. Jesus ist tot.
Auf dem Weg treffen sie einen Mann. Sie erzählen ihm,
was geschehen ist. Der Mann hört zu und erklärt ihnen,
warum Jesus sterben musste. Sie laden ihn zum Essen ein.
Als er das Brot teilt, erkennen sie: Dieser Mann ist Jesus.
Da verschwindet er vor ihren Augen. Die Jünger glauben:
Jesus ist auferstanden, er lebt.

nach Lukas 24,13–35

ⓘ Im Ostergottesdienst gibt es das „Osterlachen". Was ist das?
 Malt ein Bild mit dem Titel „Vom Tod ins Leben".

Die freudige Nachricht breitet sich aus

Maria aus Magdala erzählt es
den Jüngern: „Jesus ist nicht im Grab.
Er lebt!"

Die Jünger aus Emmaus erzählen es
den anderen: „Wir haben mit Jesus
gegessen, er lebt!"

Jesus selbst kommt zu den Jüngern
und sagt: „Ich lebe und ihr sollt
auch leben. Ihr seid meine Zeugen,
erzählt allen Menschen davon."

*So sehr liebt Gott
die Menschen, dass er
seinen eigenen Sohn
in die Welt schickt,
damit alle,
die an ihn glauben,
nicht verloren gehen.*

nach Johannes 3,16

Petrus darf neu anfangen,
obwohl er Jesus dreimal verleugnet hat.
Er ist am See Genezareth und
Jesus kommt zu ihm.

Jesus fragt dreimal:
„Petrus, hast du mich lieb?"
„Ja", antwortet Petrus dreimal.
„Dann mache dich auf und
erzähle davon, dass niemand
mehr Angst haben muss.
Sei mein Zeuge."

nach Johannes 21,15–19

Ostern feiern wir:
Jesus lebt.
Halleluja!

 Führt den Passionsweg mit Naturmaterialien weiter.

Spielt und gestaltet: Eine freudige Nachricht breitet sich aus.

Findet Klänge für die Ausbreitung der frohen Botschaft.

Die Evangelisten erzählen von Jesus

Jesus hat zu seinen Jüngern gesagt: „Ich werde immer
bei euch sein. Auch wenn ihr mich nicht sehen könnt,
meine Kraft ist in euch." Und die Jünger erzählten
den Menschen von Jesus, was er gesagt und getan hat.
Und dann sagte einer: „Ich schreibe die Geschichten auf,
die Geschichten von Jesus, dem Messias, der gelebt hat,
gestorben ist und der von Gott zu neuem Leben
auferweckt wurde. Sie sollen niemals vergessen werden."

Der erste Evangelist war Markus. Er nannte seine Schriftrolle
Evangelium von Jesus Christus, dem Sohn Gottes.
Er will zeigen: In allem, was Jesus getan und gesagt hat,
können wir den Messias erkennen.

Matthäus hat das Evangelium
von Markus gelesen.
Er kannte noch mehr Geschichten
von Jesus. Er glaubt: Jesus ist der Messias,
von dem schon die Propheten gesprochen haben
und auf den alle Menschen gewartet haben.

Auch Lukas kannte das Markus-Evangelium und
andere Jesus-Geschichten. Mit seinem Evangelium
möchte er zeigen, dass Jesus besonders die Armen liebte
und zu allen Menschen ging, die keiner haben wollte.
Er erzählt auch von den Frauen, die mit Jesus
unterwegs waren.

Johannes, dem vierten Evangelisten, war es wichtig zu zeigen,
dass Jesus von Gott kommt und der Weg zu Gott ist.

ⓘ Findet heraus, woher der Name „Evangelist" kommt.

✋ Stelle eine eigene Schriftrolle her. Was möchtest du von Jesus erzählen?

ⓘ Was kannst du noch über die Evangelien herausfinden? Berichte.

Geschichten von der Geburt Jesu

Zuerst gab es die Geschichten von Jesus, der im Namen Gottes
zu den Menschen ging und ihnen die gute Botschaft erzählte.
Und es gab die Geschichten von seinem Tod am Kreuz
und von seiner Auferweckung zu neuem Leben.
Dann fragten die Menschen: „Wo und wie ist Jesus eigentlich geboren?"
Niemand wusste es genau. Deshalb haben Markus und Johannes
auch nichts über die Geburt Jesu geschrieben.

Lukas war wichtig:

Jesus ist jemand, dem die einfachen
Menschen am Herzen liegen.
Er ist für die Schwachen da.
„Engel verkündeten einfachen Hirten
auf dem Feld die Botschaft:
Euch ist heute der Heiland geboren.
Er liegt in Windeln gewickelt
in einer Krippe im Stall."

nach Lukas 2

Matthäus war wichtig:

Jesus ist ein ganz besonderer König,
auf den viele gewartet haben.
„Von Anfang an gab es große Zeichen
für diesen König. Sogar aus fremden
Ländern kamen weise Sterndeuter
nach Bethlehem und fanden dort
das Kind in der Krippe. Sie schenkten
ihm Gold, Weihrauch und Myrrhe."

nach Matthäus 2

Lukas und Matthäus erzählen die Weihnachtsgeschichte unterschiedlich. Warum?
Gestaltet einen Adventsweg und geht mit den Hirten und Weisen zur Krippe.
Was sind Weihrauch und Myrrhe? Probiert aus, wie sie riechen.

Jauchzet, frohlocket

Die Weihnachtsbotschaft hat seit alter Zeit
die Menschen zum Singen und Musizieren gebracht.

Johann Sebastian Bach komponierte das Weihnachtsoratorium.

(1685 – 1750)

Eines der bekanntesten Adventslieder ist:

1. Macht hoch die Tür, die Tor macht weit;
   es kommt der Herr der Herrlichkeit,
   ein König aller Königreich,
   ein Heiland aller Welt zugleich,
   der Heil und Leben mit sich bringt;
   derhalben jauchzt, mit Freuden singt:
   Gelobet sei mein Gott,
   mein Schöpfer reich von Rat.

→ Seite 116

5. Komm, o mein Heiland Jesu Christ,
   meins Herzens Tür dir offen ist.
   Ach zieh mit deiner Gnade ein;
   dein Freundlichkeit auch uns erschein.
   Dein Heilger Geist uns führ und leit
   den Weg zur ewgen Seligkeit.
   Dem Namen dein, o Herr,
   sei ewig Preis und Ehr.

Georg Weissel, 1642

Hört euch den Eingangschor des Oratoriums an. Wie empfindet ihr die Musik?
Hört die Musik ein zweites Mal. Achtet auf die Instrumente und die Lautstärke.
Sucht das Adventslied im Evangelischen Gesangbuch. Singt es gemeinsam.

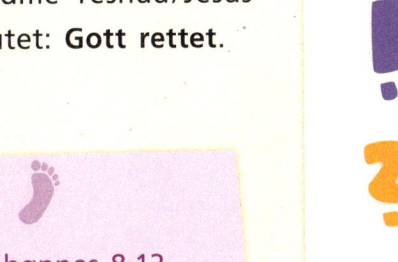

Der Name Yeshua/Jesus
bedeutet: **Gott rettet**.

Johannes 8,12
Matthäus 1,18–25

Jesus ist so ähnlich wie Gott.
Denn Jesus ist eigentlich
Gottes Sohn.
Deswegen weiß man nicht,
ob er jetzt ein Mensch
ist oder ein Gott.

Jeden Abend, jeden Morgen
mach' ich mir so manche Sorgen.
Doch du bist bei mir,
machst mir Mut.
Danke, Jesus, du tust mir gut!
Amen.

Leben und Tod

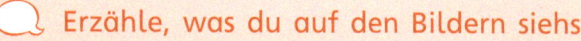
Erzähle, was du auf den Bildern siehst.

Findet weitere Bilder und gestaltet ein Plakat zum Thema Leben und Tod.

Alles hat seine Zeit

Alles, was auf Erden geschieht, hat seine Zeit,
seine von Gott bestimmte Zeit.

Geboren werden hat seine Zeit, und Sterben hat seine Zeit.
Pflanzen hat seine Zeit, und Ernten hat seine Zeit.
Schweigen hat seine Zeit, und Reden hat seine Zeit.
Gesundsein hat seine Zeit, und Kranksein hat seine Zeit.
Lachen hat seine Zeit, und Weinen hat seine Zeit.
Finden hat seine Zeit, und Verlieren hat seine Zeit.

Alles, was auf Erden geschieht, hat seine Zeit,
seine von Gott bestimmte Zeit.

nach Prediger Salomo 3,1–8

 Sprecht den Text. Zu welchen Textzeilen passen die Fotos?

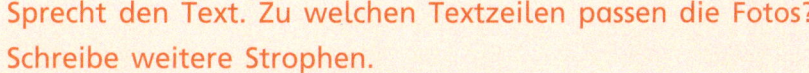 Schreibe weitere Strophen.

 Gestaltet den Text mit Legematerialien.

69

Menschen stoßen an Grenzen ...

Als Hannah zwei Jahre alt wurde, hat sie einen Stoffhasen
geschenkt bekommen. Wie er zu dem Namen Moppel kam,
weiß niemand mehr genau.
Doch seitdem begleitet Moppel sie überall hin:
zur Oma, auf den Spielplatz, zum Arzt.
Hannah kann sich ein Leben ohne ihren Stoffhasen
kaum vorstellen. Sie ist zwar schon in der dritten Klasse,
aber wenn sie Kummer und Sorgen hat, muss Moppel her.
In den Ferien fährt Hannah mit ihren Eltern
in den Urlaub ans Meer.
Kurz bevor es losgeht, steckt sie den Hasen
schnell noch in ihre Tasche. Unterwegs machen sie
auf einem Rastplatz Pause. Als sie endlich am Urlaubsort
ankommen, ist Moppel spurlos verschwunden.

Gestalte mit Farben und Formen, wie Hannah sich fühlt.
Hast du schon einmal Ähnliches erlebt wie Hannah?
Entwickelt Standbilder, die ausdrücken, was Verlust bedeuten kann.

Gott ist unsere Zuversicht und Stärke,
eine Hilfe in den großen Nöten,
die uns getroffen haben.

Psalm 46,2

 Was könnte die Menschen auf den Bildern trösten?

Schreibe eine Fürbitte für einen Menschen in Not.

Entwickelt und gestaltet gemeinsam eine „Trost-Kiste".

Meine Vorstellung vom Tod

Wenn ich sterbe, gehe ich zu Gott.
Tobias

Das Rote ist Gott. Die blauen Kreise
sind wir Menschen. Wir bleiben
immer bei Gott – im Leben
und wenn wir tot sind.   Andreas

Das Leben ist wie eine Uhr.
Irgendwann hört sie auf zu schlagen.
Janine

Ein toter Mensch läuft durch einen
dunklen Tunnel, und am Ende ist
ein helles Licht. Die Menschen
aber sind traurig.   Vera

 Wie stellst du dir den Tod vor? Male und schreibe.

 Macht eine Bilderausstellung und sprecht über eure Vorstellungen.

Welche Gedanken hast du zu den Werken von Tobias, Andreas, Janine und Vera?

Gott ist bei uns im Leben und im Tod

Christen glauben, dass sie im Leben, im Sterben und im Tod bei Gott sind.

Gott hat Jesus in
die Welt geschickt.

Er war in seinem
Leben bei ihm.

Gott war auch
im Tod bei ihm.

Er hat Jesus neues
Leben geschenkt.

Deshalb können wir hoffen.
Gott lässt auch uns im Sterben nicht allein.
Er schenkt uns neues Leben.

Ich bin gewiss,
dass wir im Leben und im Tod
in der Liebe Gottes bleiben.
Nichts kann uns von ihr trennen.
Auch wer stirbt,
bleibt in der Liebe Gottes,
die in Jesus Christus
den Menschen sichtbar wurde.

nach Römer 8,38 und 39

 Nichts kann uns von der Liebe Gottes trennen. Sprecht über eure Gedanken.
Findet Standbilder zu dem Bibeltext.
Gestaltet eigene Hoffnungsbilder mit Naturmaterialien.

Der Friedhof: Ort der Erinnerung und des Friedens

Friedhöfe sind Orte der Trauer und der Erinnerung.
Sie geben den Verstorbenen eine letzte Ruhestätte.
Und sie künden von der Auferstehung der Toten.

Menschen gehen zum Grab und erinnern sich
an den geliebten Menschen.
Sie besuchen das Grab und pflegen es.
Manche Menschen weinen, beten und zünden Kerzen an.

Warum?

Was tröstet mich?

Sehe ich meinen Opa wieder?

Betrachtet die Gräber. Was fällt euch auf?

Warst du schon einmal auf einer Beerdigung? Sprecht darüber.

An welchen Orten werden Menschen noch bestattet?

Hoffnungsgedanken der Bibel: Was uns tröstet

Das Weizenkorn
wird in die Erde gelegt.
Aus ihm wächst ein neuer Halm,
der zur Ähre wird.
So ist es mit dem Menschen.
Er stirbt und wird in die Erde gelegt.
Gott gibt ihm einen neuen Leib,
eine neue Gestalt.

nach 1. Korintherbrief 15,37–38 und Johannes 12,24

Gott ist Liebe;
und wer in der Liebe bleibt,
der bleibt in Gott
und Gott in ihm.

1. Johannesbrief 4,16

Jesus Christus spricht:
„Wahrlich, ich sage euch:
Wer glaubt, der hat
das ewige Leben."

Johannes 6,47

Gott spricht: „Ich will dich trösten,
wie dich deine Mutter tröstet."

nach Jesaja 66,13a

Ich möcht', dass einer mit mir geht,
der's Leben kennt, der mich versteht,
der mich zu allen Zeiten kann geleiten.
Ich möcht', dass einer mit mir geht.

→ Seite 117

 Welcher Hoffnungsgedanke tröstet dich?
Kennst du andere Hoffnungssätze?

 Gestalte eine Trauerkarte, die Hoffnung schenkt.

Gott ist bei mir – im Leben und im Tod

1. Meinem Gott gehört die Welt,
   meinem Gott das Himmelszelt.
   Ihm gehört der Raum, die Zeit,
   sein ist auch die Ewigkeit.

2. Und sein Eigen bin auch ich.
   Gottes Hände halten mich
   gleich dem Sternlein in der Bahn.
   Keins fällt je aus Gottes Plan.

3. Wo ich bin, hält Gott die Wacht,
   führt und schirmt mich Tag und Nacht.
   Über Bitten und Verstehn
   muss sein Wille mir geschehn.

4. Täglich gibt er mir das Brot,
   täglich hilft er in der Not.
   Täglich schenkt er seine Huld
   und vergibt mir meine Schuld.

5. Leb ich, Gott, bist du bei mir,
   sterb ich, bleib ich auch bei dir.
   Und im Leben und im Tod,
   bin ich dein, du lieber Gott. → Seite 118

Was sagt das Lied über Leben und Tod?
Begleitet das Lied mit Bewegungen.

Meine Zeit steht in deinen Händen.

Psalm 31,16

Für Christen ist das Kreuz ein Hoffnungssymbol.
Es steht für Tod und Auferstehung.
Das Leben siegt über den Tod.

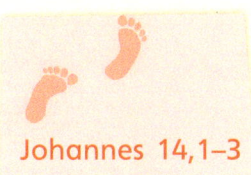

Johannes 14,1–3

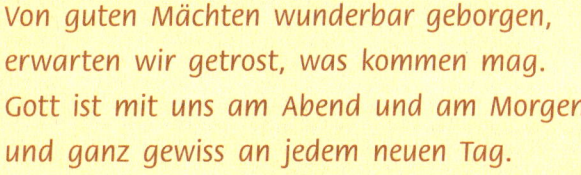

Von guten Mächten treu und still umgeben,
behütet und getröstet wunderbar,
so will ich diese Tage mit euch leben
und mit euch gehen in ein neues Jahr.

Von guten Mächten wunderbar geborgen,
erwarten wir getrost, was kommen mag.
Gott ist mit uns am Abend und am Morgen
und ganz gewiss an jedem neuen Tag.

Dietrich Bonhoeffer, 1944

→ Seite 118

Evangelisch und katholisch

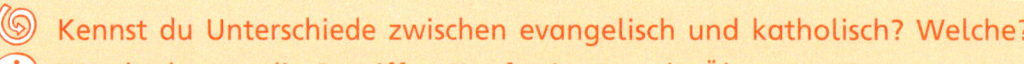

Kennst du Unterschiede zwischen evangelisch und katholisch? Welche?

Was bedeuten die Begriffe „Konfession" und „Ökumene"?

Forsche im Internet oder frage einen Erwachsenen.

Warum gibt es evangelische und katholische Christen?

Am Anfang gab es eine Kirche
für alle Christen: die katholische Kirche.
Das Wort „katholisch" bedeutet:
das Ganze betreffend, allgemein gültig.

Am Ende des Mittelalters ging es
vielen Menschen sehr schlecht.
Es gab nur wenig zu essen.
Viele starben an Krankheiten
wie der Pest oder in Kriegen.
Manche glaubten sogar,
das Ende der Welt ist ganz nah.
Die Menschen hatten Angst.
Sie stellten sich Gott als Richter vor,
der alle Sünden der Menschen nach
dem Tod mit der Hölle bestrafen wird.

Darum beichteten sie in der Kirche
ihre Sünden. Viele glaubten, sie könnten
sich mit Geld von der Strafe befreien.
Dazu kauften sie bei den Predigern
sogenannte „Ablassbriefe". Mit diesem Geld
wurden prachtvolle Kirchen gebaut.
Die meisten Menschen gingen damals nicht
zur Schule. Sie konnten also nicht selbst
lesen, was in der Bibel steht.
Nur die Gelehrten konnten die Bibel lesen
und die Geschichten deuten.

In dieser Zeit lebte **Martin Luther**.

So malte ein unbekannter Künstler
um das Jahr 1480 seine Vorstellung
vom „Weltgericht".

 Das Bild stammt aus dem Mittelalter. Was entdeckst du auf ihm?
Kann man mit Geld Schuld wiedergutmachen? Denke alleine darüber nach.
Besprich dich mit einem Partner. Tauscht euch in der Gruppe aus.

Wer war Martin Luther?

Das ist Martin Luther. Er wurde am 10. November 1483 geboren. Seine Eltern schickten ihn zur Schule. Dort lernte er auch Latein und Griechisch.

Wie viele Menschen seiner Zeit hatte auch Martin Luther große Ehrfurcht vor Gott. Er fürchtete, Gottes Willen nicht zu erfüllen.

Martin Luther wurde Mönch. Im Kloster betete er Tag und Nacht, fastete und arbeitete hart. Er quälte sich sehr, um Gott zu gefallen. Auch las er viel in der Bibel. Er studierte Theologie und wurde Priester.

Eines Tages entdeckte er in der Bibel,
dass Gott ganz anders ist, als er immer geglaubt hatte.
Gott will die Menschen nicht bestrafen.
Er liebt sie und verzeiht ihnen.
Luther verstand: In Jesus Christus zeigt Gott
seine Liebe zu den Menschen.
Martin Luther wurde sehr froh.
Er merkte: **Vor Gott braucht
niemand Angst zu haben.**
Er wollte, dass alle Menschen
das erfahren.

Er schrieb es auf und predigte im Gottesdienst:
Niemand braucht für Gottes Vergebung Geld zu bezahlen.
Wer das behauptet, ob Prediger oder Papst,
der hat Unrecht.

Wartburg

 Wie veränderten sich Luthers Vorstellungen von Gott? Schaue auch auf Seite 20–21.
 Gestalte in einem Bild „Angst" und „Befreiung".
 Luther prostestierte: Überlegt euch Protestsätze für ihn und schreibt sie auf.

Martin Luther und die Bibel

Viele Menschen freuten sich über Luthers Predigten. Aber nicht alle. Der Papst in Rom und mächtige Fürsten wollten, dass Luther alles zurücknimmt, was er gesagt und geschrieben hatte.

Aber Martin Luther sagte:
„Es steht alles so in der Bibel. Ich muss die Wahrheit sagen."
Deshalb wollte ihn der Papst aus der Kirche ausschließen.
Auch der Kaiser schützte ihn nicht mehr, jeder durfte Martin Luther töten. Luther musste fliehen und seine Freunde versteckten ihn auf der Wartburg im Thüringer Wald.
Dort übersetzte er die Bibel in die deutsche Sprache. Martin Luther wollte, dass alle Menschen die frohe Botschaft von der Liebe Gottes selbst lesen können.
Mit seinen Erkenntnissen wollte er auch die **Kirche reformieren** (erneuern).

Luthers Schriften und Gedanken verbreiteten sich in ganz Deutschland.
Viele Menschen wollten nicht mehr auf den Papst und die Kirche hören.
Es kam zum Streit unter den Christen und zur Spaltung. Neben der katholischen Kirche bildete sich die evangelische Kirche. Ihre Anhänger nannten sich evangelisch, weil ihnen **das Evangelium, die frohe Botschaft der Bibel**, so wichtig geworden war.
Viele Mönche und Nonnen verließen die Klöster, einige Priester heirateten.
Auch Martin Luther heiratete. Mit Katharina von Bora gründete er eine große Familie.
Martin Luther setzte sich dafür ein, dass alle Kinder zur Schule gehen können, damit alle die Bibel selbst lesen können.

Bis heute gibt es eine evangelische und eine katholische Kirche.
Beide Kirchen haben sich weiterentwickelt. Die Trennung aber dauert bis heute an. Viele Christen finden das nicht schön. Sie feiern ökumenische Gottesdienste und suchen nach Gemeinsamkeit.

 Findet heraus, wie die frohe Botschaft für Martin Luther lautete (Römer 1,17).
Spielt: Martin Luther begegnet einem Verkäufer von Ablassbriefen.
Was feiern evangelische Christen am Reformationstag?

In einer evangelischen Kirche

Benennt und erklärt, was ihr in diesem evangelischen Kirchenraum seht.

Welche Symbole kannst du entdecken? Was bedeuten sie?

Zeigt und erklärt euren katholischen Mitschülern eure Kirche.

In einer katholischen Kirche

 Benennt und erklärt die Besonderheiten dieses katholischen Kirchenraumes.

 Besucht mit euren katholischen Mitschülern eine katholische Kirche.

 Welche Elemente findet ihr in beiden Kirchenräumen?

Konfirmation und Kommunion

Tina: In der achten Klasse feiere ich Konfirmation. Das Wort Konfirmation bedeutet Befestigung. Wir bekennen uns vor der Gemeinde zum christlichen Glauben. Wir sagen Ja zu unserer Taufe und werden im Gottesdienst gesegnet. Außerdem feiern wir Abendmahl mit Brot und Wein oder Traubensaft.
Von jetzt an sind wir erwachsene Mitglieder der Gemeinde.

Tom: Ich bin in der dritten Klasse und feiere meine Erstkommunion. Das Wort Kommunion bedeutet Gemeinschaft. Wir dürfen zum ersten Mal die Hostie essen.
In der achten Klasse feiern wir Firmung. Das Wort Firmung bedeutet Stärkung. Wir bekräftigen unseren Glauben und unsere Taufe. Von nun an sind wir erwachsene Mitglieder der Gemeinde.

> In vielen Gemeinden gibt es heute auch schon Abendmahl für Kinder.

> Ich fand meine Erstkommunion sehr aufregend und schön.

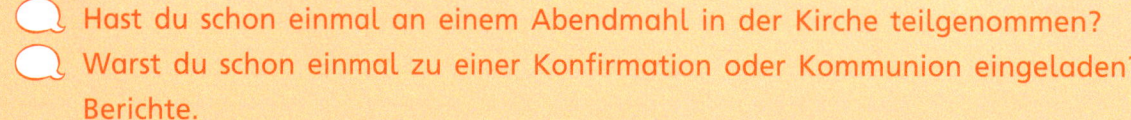

🗨 Hast du schon einmal an einem Abendmahl in der Kirche teilgenommen?
🗨 Warst du schon einmal zu einer Konfirmation oder Kommunion eingeladen? Berichte.

Feste und Feiertage im Kirchenjahr

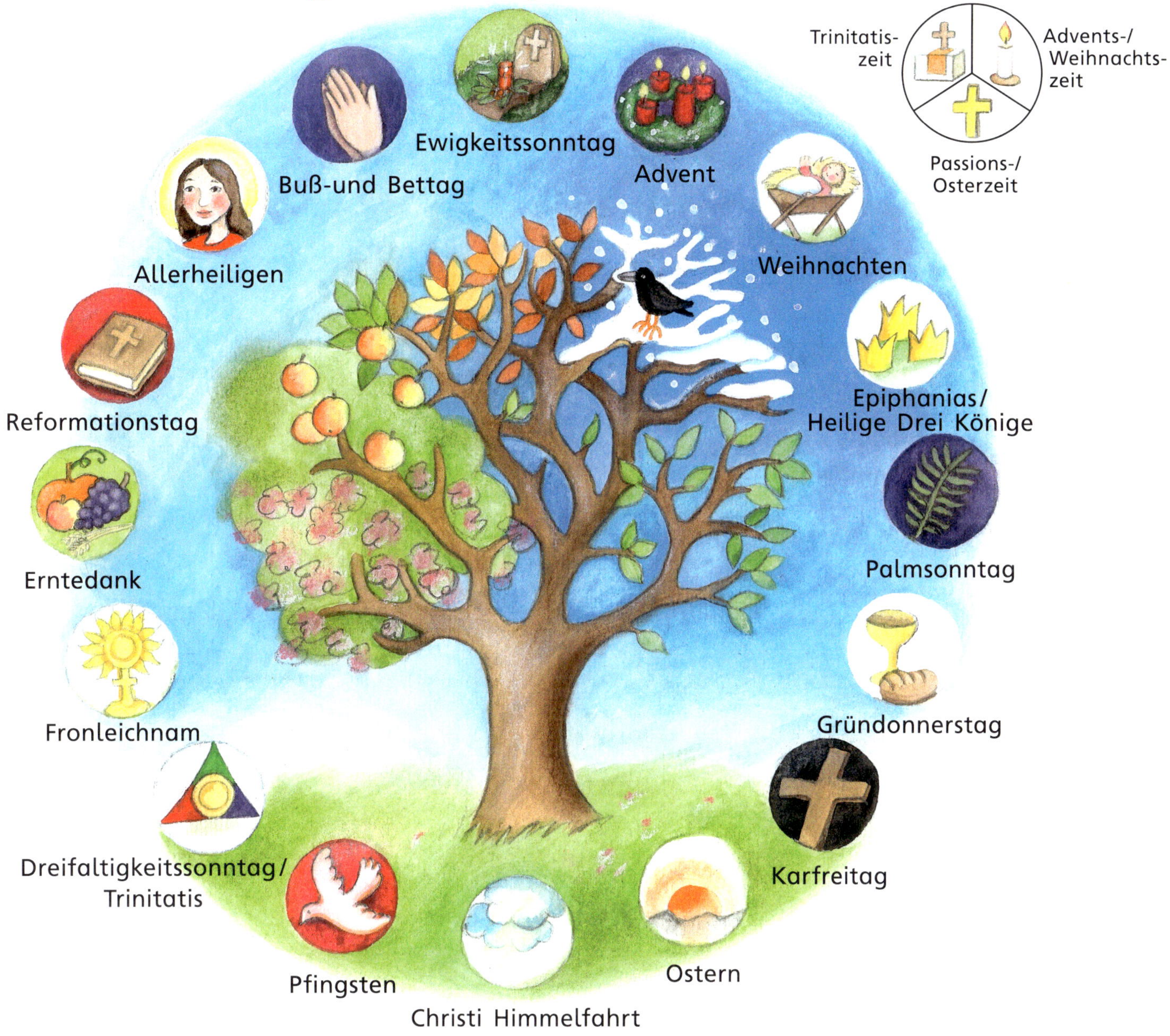

Trinitatiszeit

Advents-/ Weihnachtszeit

Passions-/ Osterzeit

Ewigkeitssonntag

Buß-und Bettag

Advent

Allerheiligen

Weihnachten

Reformationstag

Epiphanias/ Heilige Drei Könige

Erntedank

Palmsonntag

Fronleichnam

Gründonnerstag

Dreifaltigkeitssonntag/ Trinitatis

Karfreitag

Pfingsten

Ostern

Christi Himmelfahrt

Die Farben bedeuten:

⚪ = Licht, Freude

🟣 = Besinnung, Nachdenken

🔴 = Feuer, Kraft Gottes

🟢 = Schöpfung, Hoffnung

⚫ = Trauer

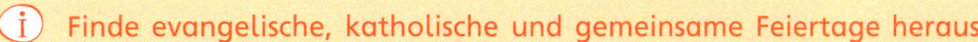

ⓘ Finde evangelische, katholische und gemeinsame Feiertage heraus.

🖐 Erstellt im Laufe des Schuljahres eine Kartei zu Festen und Feiertagen.

🌀 Kennen evangelische Christen auch Heilige?

Meine Kirchengemeinde

Ein Haus aus lebendigen Steinen

Organistin/Organist
„Ich begleite die Lieder mit der Orgel."

Kirchenvorstand
„Wir leiten die Gemeinde und entscheiden über alle wichtigen Planungen unserer Gemeinde."

Küster/Mesner
„Ich bereite die Kirche für die Gottesdienste vor."

Pfarrerin/ Pfarrer
„Ich halte den Gottesdienst, bin Seelsorger/in und gebe Religionsunterricht."

Jugendgruppen
„Wir machen ein spannendes Programm in den Gruppenstunden und fahren auf Freizeiten."

Ökumenische Kindergruppe
„Wir unternehmen etwas mit den katholischen Kindern."

Diakonie
„Wir arbeiten zum Beispiel in der Krankenpflege!"

Posaunenchor
„Posaune macht Laune!"

... und vieles mehr.

OIKOUMENE

Welche Personen sind auf der Seite zu sehen? Erkläre ihre Aufgaben.

Wo kannst du in deiner Gemeinde aktiv sein?

Überlegt euch ein ökumenisches Projekt für eure Klasse.

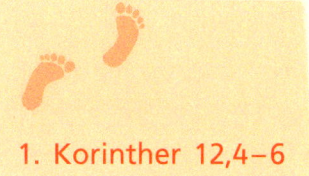

1. Korinther 12,4–6

Ein feſte Burg iſt unſer Gott.

Ich danke dir, mein himmlischer Vater,
durch Jesus Christus, deinen lieben Sohn,
dass du mich diese Nacht
vor allem Schaden und Gefahr behütet hast,
und bitte dich,
du wolltest mich diesen Tag auch behüten
vor Sünden und allem Übel.
Denn ich befehle mich, meinen Leib und Seele
und alles in deine Hände.

aus dem Morgensegen von Martin Luther

Warum hat der Papst keine Frau?

Haben katholische und evangelische Christen die gleiche Bibel?

War Jesus katholisch oder evangelisch?

Kirche – Gemeinschaft der Christen

Gibt es auf der ganzen Welt Christen?

Wie ist die Kirche eigentlich entstanden?

In unserer Gemeinde waren schon Leute aus Brasilien zu Besuch.

Wie wird man eigentlich Christ?

 Stellt in einem Standbild Gemeinschaft dar.

 Beschreibt eure Erfahrungen.

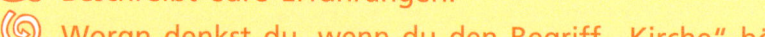 Woran denkst du, wenn du den Begriff „Kirche" hörst? Tauscht euch aus.

Menschen begeistern sich für die Botschaft Jesu

Der Evangelist Lukas erzählt:

40 Tage nach der Auferstehung wird Jesus
von Gott in den Himmel aufgenommen.
Die Jüngerinnen und Jünger sind ratlos und mutlos.
Wie soll es jetzt weitergehen?
Als sie in Jerusalem zusammen sind,
schickt Gott seinen Geist zu ihnen.
Eine Begeisterung erfüllt sie, die sie
kaum in Worte fassen können.
Sie sind „Feuer und Flamme" für die Botschaft Jesu.
Alle Angst und Mutlosigkeit sind wie weggeblasen.
Sie gehen hinaus und erzählen ihre Erfahrungen allen,
die ihnen begegnen.
Immer mehr Menschen schließen sich ihnen an.
Sie wollen auch zu Jesus gehören.
Sie lassen sich taufen und feiern Gottesdienst.
Sie teilen Brot und Wein, wie Jesus es getan hat.
Und sie merken: „Jesus ist mitten unter uns,
auch wenn wir ihn nicht sehen.
Gottes Geist ist mit uns."
An Pfingsten erinnern sich Christen
an diese Geschichte.
Sie feiern an diesem Fest
den „Geburtstag der Kirche".

nach Apostelgeschichte 1–2

 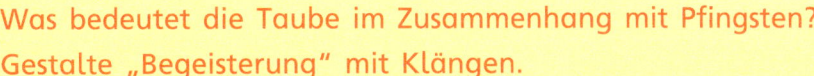

Was bedeutet die Taube im Zusammenhang mit Pfingsten?
Gestalte „Begeisterung" mit Klängen.
Kann man Gottes Geist heute noch spüren? Denkt darüber nach.

Alle sind eingeladen

Zur Zeit der ersten Gemeinden ließen sich ganze Familien
gemeinsam taufen. Bis in unsere Zeit werden Menschen
mit der Taufe in die christliche Gemeinschaft aufgenommen.
Wenn kleine Kinder getauft werden, wird ihnen eine
Patin oder ein Pate zur Seite gestellt. Diese sprechen
stellvertretend für den Täufling das Glaubensbekenntnis
und begleiten ihr Patenkind auf dem Lebensweg.
Zur Taufe gehört auch der Taufspruch, ein Vers aus
der Bibel, der dem Täufling zugesprochen wird,
zum Beispiel:

> *Denn er hat seinen Engeln befohlen,*
> *dass sie dich behüten auf allen deinen Wegen,*
> *dass sie dich auf den Händen tragen*
> *und du deinen Fuß nicht an einen Stein stößt.*
>
> *nach Psalm 91,11–12*

> *Der Herr ist mein Licht und mein Heil;*
> *vor wem sollte ich mich fürchten?*
> *Der Herr ist meines Lebens Kraft;*
> *vor wem sollte mir grauen?*
>
> *Psalm 27,1*

Oft wird im Taufgottesdienst das
sogenannte „Kinderevangelium"
vorgelesen. Das ist die Geschichte,
in der Jesus die Kinder segnet.
Sie zeigt: Bei Gott sind alle willkommen.

Hast du schon eine Taufe erlebt? Erzähle.
Lies in der Bibel die Geschichte: Jesus segnet die Kinder (Markus 10,13–16).
Gestaltet in der Gruppe ein Segensritual.

Fürchte dich nicht.
Ich habe dich bei
deinem Namen gerufen.
Du bist mein.

aus Jesaja 43,1

ⓘ Welche Bedeutung hat dein Vorname? Forsche nach.

✋ Suche dir einen Bibelspruch, der dir gefällt und dich begleiten kann. Gestalte ihn.

🌀 Braucht es die Taufe, um zu Gott zu gehören? Sprecht darüber.

Christen gibt es auf der ganzen Welt

Kindergottesdienst in Brasilien

Gottesdienst mit Waisenkindern in Südafrika

Auf der ganzen Welt glauben
Menschen an Jesus Christus und seine Botschaft.
Die Bibel wurde bisher in über 2000 Sprachen übersetzt.
In den Gottesdiensten singen, musizieren und beten die Menschen
und hören die Geschichten der Bibel in ihrer Sprache.
In den Schulen gibt es meistens keinen Religionsunterricht wie bei uns.
Deshalb gehen die christlichen Kinder oft in die sogenannte
„Sonntagsschule", um dort von Gott und Jesus zu hören.

Taufe
in Südafrika

Eine Kirche
in Papua-Neuguinea

 Betrachte die Bilder. Was entdeckst du?
Gestaltet eine Andacht mit Liedern und Tänzen von Christen
aus anderen Kontinenten.

Christen sind weltweit miteinander verbunden

Viele Gemeinden in Bayern haben
eine Partnerkirche in Brasilien, Tansania
oder Papua-Neuguinea.
Jugendliche und Erwachsene besuchen sich
gegenseitig und tauschen sich über ihren
Glauben und ihren Alltag aus.
Ein Beispiel dafür sind Bamberg in Bayern
und Meru in Tansania.
Bei ihren Besuchen gehen die Afrikaner
zum Beispiel in die Schulen,
um den deutschen Kindern vom Leben
in ihrer Heimat zu erzählen.
Jugendliche aus Bamberg verbringen
mehrere Monate in Meru, um das Leben
dort kennenzulernen.
Besondere Erlebnisse sind gemeinsam
gefeierte Gottesdienste.
So entstehen Freundschaften zwischen
Menschen aus Deutschland und Tansania.

Ein Bamberger Pfarrer zu Besuch in Meru

Gäste aus Tansania mit dem Walsdorfer Kinderchor

Asante sana Yesu, asante sana Yesu, asante sana Yesu moyoni.
Asante sana Yesu, asante sana Yesu, asante sana Yesu moyoni.
Lied aus Tansania

→ Seite 119

 Singt das Lied aus Tansania und erfindet Bewegungen dazu.
Hat eure Kirchengemeinde auch eine Partnerkirche in einem anderen Land?
Informiert euch.

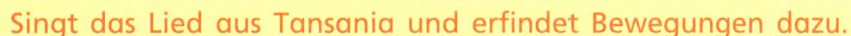

Menschen übernehmen weltweit Verantwortung

Menschen sind weltweit miteinander verbunden. Viele machen sich Gedanken um die Zukunft unserer Erde und setzen sich für eine bessere Welt ein. Ein Beispiel dafür ist die Aktion **„Plant-for-the-Planet"**.

2007 fing alles mit einem Schulreferat von **Felix Finkbeiner** an, der gerade einmal neun Jahre alt war.
Er erklärte den Kindern seiner Klasse, wie der Treibhauseffekt funktioniert und welche schlimmen Folgen der damit verbundene weltweite Temperaturanstieg hat.

Felix hatte aber auch gelesen, dass Bäume die gefährlichen Treibhausgase binden können. Er beendete sein Referat mit den Worten:
„Lasst uns in jedem Land der Erde eine Million Bäume pflanzen."
Das war der Beginn der Kinder- und Jugendinitiative „Plant-for-the-Planet", die sich mittlerweile zu einer internationalen Bewegung entwickelt hat. Dabei pflanzen die Kinder nicht nur überall auf der Welt Bäume. Als junge Weltbürger treten sie vor allem für weltweite Klimagerechtigkeit ein.

Im Jahr **2016** sind über 100.000 Kinder weltweit für Plant-for-the-Planet aktiv. 36.000 von ihnen sind „Botschafter für Klimagerechtigkeit". Das sind Kinder von 9 bis 12 Jahren, die ihr Wissen an andere weitergeben und sie ebenfalls zu Botschaftern ausbilden.
So erreicht Plant-for-the-Planet möglichst viele Kinder und motiviert sie, für ihre eigene Zukunft aktiv zu werden.

Bis **2020** haben sich Felix und seine Freunde das Ziel gesetzt, weltweit 1.000 Milliarden Bäume zu pflanzen. Sie wollen eine Million andere Kinder begeistern, Botschafter für Klimagerechtigkeit zu werden.

Recherchiert, ob ihr noch mehr Informationen über Felix und seine Freunde findet.

 Plant gemeinsam eine Pflanzaktion zum Klimaschutz bei euch vor Ort.
Kennst du weitere Personen, die sich für andere Menschen oder unsere Welt einsetzen? Berichte von ihnen.

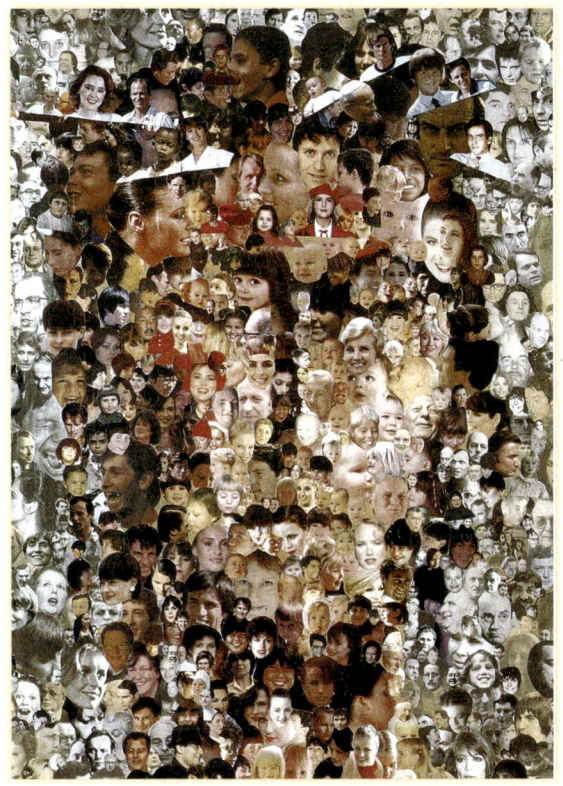

Wenn Bäume sprechen könnten,
würden sie dir danken.
Wenn der Regen singen könnte,
würde er für dich singen.
Wenn die Sonne rufen könnte,
würde sie dich loben.

Wir Menschen können sprechen,
singen und rufen.
Und was tun wir?
Ich will schon einmal anfangen, Gott,
dir zu danken, für dich zu singen
und dich zu loben. Amen.

Gebet aus Papua Neuguinea

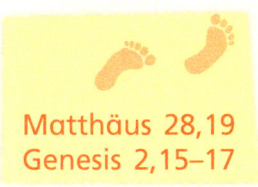

Matthäus 28,19
Genesis 2,15–17

Menschen fragen nach dem Leben

Wer sind die anderen?
Wer hat mein Vertrauen?
Wen liebe ich?

Wie stehe ich
zu den anderen?
Was bedeutet mir
Gemeinschaft?

Wer tröstet mich?
Warum gibt es Leid
auf der Welt?

Warum bin ich
auf der Welt?
Wer bin ich?

Wo komme ich her?

Religionen geben Antworten

Wer hat die Welt gemacht?
Welchen Platz und welche Aufgabe habe ich in der Welt?

Welche Feste sind mir wichtig?
Wann feiere ich?
Wie feiere ich?

Wie kann ich ein gelingendes Leben führen?
Wann bin ich glücklich?

Wo ist Gott in meinem Leben?
Woran glaube ich?

Wo gehe ich hin?

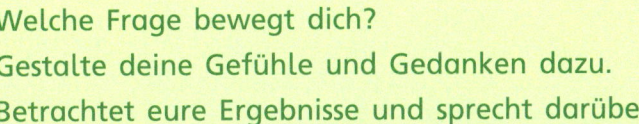

Welche Frage bewegt dich?
Gestalte deine Gefühle und Gedanken dazu.
Betrachtet eure Ergebnisse und sprecht darüber.

Judentum – Christentum – Islam

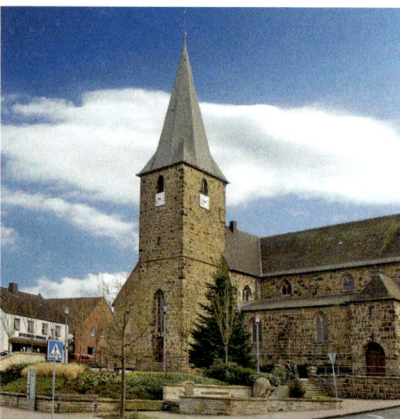

Was siehst du auf den Fotos? Was kennst du? Was möchtest du wissen?
Christentum – Judentum – Islam: Ordne die Fotos diesen Religionen zu.

Wir gehen aufeinander zu

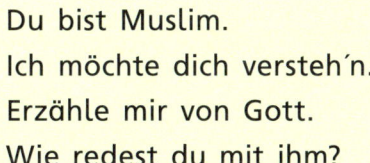

Juden, Christen und Muslime
leben hier in uns'rem Land,
haben ihren eignen Glauben,
manches ist uns nicht bekannt.
Juden, Christen und Muslime
wollen sich noch mehr versteh'n,
stellen gegenseitig Fragen,
können neue Wege geh'n.

Du bist Muslim.
Ich möchte dich versteh'n.
Erzähle mir von Gott.
Wie redest du mit ihm?

Du bist Jude.
Ich möchte dich versteh'n.
Erzähle mir von Gott.
Wie redest du mit ihm?

Du bist Christ.
Ich möchte dich versteh'n.
Erzähle mir von Gott.
Wie redest du mit ihm?

→ Seite 119

 Was könnten Kinder aus den drei Religionen antworten?

 Kennt ihr noch andere Religionen? Dichtet weitere Strophen.

 Was sagen Menschen, die nicht an Gott glauben?

Judentum

Das Judentum ist die älteste der drei großen Religionen. Es ist ca. 4000 Jahre alt.

Woran Juden glauben

Juden glauben an einen einzigen Gott. Sein Name ist **Jahwe**. Weil dieser Name heilig ist, sprechen die Juden ihn nicht aus, sondern umschreiben ihn.
Der **Tanach** ist die Heilige Schrift der Juden. Das sind die biblischen Bücher des Alten Testaments. Besondere Bedeutung haben die Fünf Bücher Mose, die **Tora**.
Das **Glaubensbekenntnis** der Juden lautet:
Höre Israel, der Herr ist unser Gott, er allein.
Du sollst ihn von ganzem Herzen lieb haben.
(nach 5. Mose 6,4 – 6)

Das Gotteshaus

Zum feierlichen Gebet und zum Gottesdienst versammelt sich die Gemeinde in der **Synagoge**. Ein Vorbeter liest auf Hebräisch aus der Tora vor.
Der **Rabbi** ist Prediger und Lehrer in der Synagoge.

Essen und Trinken

Speisen müssen im Judentum **koscher** (rein) sein. Das heißt, sie müssen den Vorschriften der Tora entsprechen. Fleisch und Milchprodukte dürfen zum Beispiel nicht zusammen gekocht werden.

Wie Juden beten

Gebete gehören zum täglichen Leben, sie haben für einen Juden wichtige Bedeutung im Alltag. Die Juden beten im Stehen, das ist ein Zeichen des Respekts vor Gott. Männer ab 13 Jahren tragen beim Beten einen Gebetsmantel und Gebetsriemen, welche um Kopf und Arm gelegt werden, außerdem haben sie eine Kopfbedeckung auf, die Kippa.

ⓘ Was wisst ihr über das Judentum? Was möchtet ihr noch wissen? Findet euch in Gruppen zusammen und geht euren Fragen nach. Präsentiert eure Ergebnisse in der Klasse.

Jüdische Kunst

Juden haben viele Bilder mit biblischen Motiven. Gott wird allerdings nicht dargestellt. Ein berühmter jüdischer Maler war Marc Chagall. Er malte auch dieses Bild mit dem Titel „Jakobs Kampf mit dem Engel".

Feste und Feiertage

Juden feiern viele Feste, zum Beispiel **Pessach**, **Schawuot** und **Purim**. Am **Pessach-Fest** feiern Juden die Befreiung des Volkes Israel aus der Sklaverei in Ägypten. **Schawuot** heißt übersetzt Wochenfest. Es wird sieben Wochen nach Pessach gefeiert. Juden feiern an diesem Tag den Erhalt der Zehn Gebote. Sie danken Gott auch für die ersten Früchte der Ernte. Das **Purim-Fest** erinnert an die Rettung der Juden in Persien, die im Buch Ester beschrieben ist. Die Kinder verkleiden sich und machen mit Rasseln Lärm.

Der **Schabbath** ist der Ruhetag der Juden. Er beginnt am Freitagabend mit einem festlichen Essen. Vor dem Essen zündet die Mutter Kerzen an und spricht ein Gebet. Der Schabbath dauert bis zum Sonnenuntergang am Samstag. In der Synagoge werden am Freitagabend und Samstag Gottesdienste gefeiert.

ⓘ Sucht nach berühmten jüdischen Personen, z.B. Anne Frank oder Albert Einstein.
ⓘ Entdeckt ihr von Marc Chagall weitere Bilder im Buch?
Findet die Geschichte von Jakobs Kampf am Fluss Jabbok.

Islam

Der Islam ist die jüngste der drei großen Religionen.
Die islamische Zeitrechnung beginnt am 16. Juli 622.

Woran Muslime glauben

Muslime glauben an einen einzigen Gott,
der auf Arabisch **Allah** heißt. Muslime sagen:
„Gott ist am größten. Mohammed ist sein Prophet."
Die fünf sogenannten Säulen des Islam
sind die Grundpflichten eines jeden Muslimen:
den Glauben bekennen – beten – fasten –
spenden – möglichst einmal im Leben nach
Mekka pilgern.
Der **Koran** ist die Heilige Schrift der Muslime.
Das muslimische **Glaubensbekenntnis** lautet:
Ich bezeuge, dass es keinen Gott außer Allah gibt
und dass Mohammed sein Prophet ist.

Das Gotteshaus

Die **Moschee** ist das Gebetshaus
der Muslime. Die Gläubigen
versammeln sich dort
zum Beten und Lernen.
Der Muezzin ruft zum Gebet.
Der **Imam** ist der Vorbeter.

Essen und Trinken

Im Islam gibt es Speisevor-
schriften. Zum Beispiel essen
gläubige Muslime kein
Schweinefleisch und trinken
keinen Alkohol.

Wie Muslime beten

Die Gläubigen beten fünfmal am Tag
in der Moschee, zu Hause oder unterwegs.
Sie knien dazu auf einem Teppich.
Die Kopfbedeckung der Muslime
drückt den Respekt vor Gott aus.
Manche Gläubige bewegen nach dem Gebet noch
eine Gebetskette in der Hand und nennen
dabei 99 verschiedene Namen für Gott.

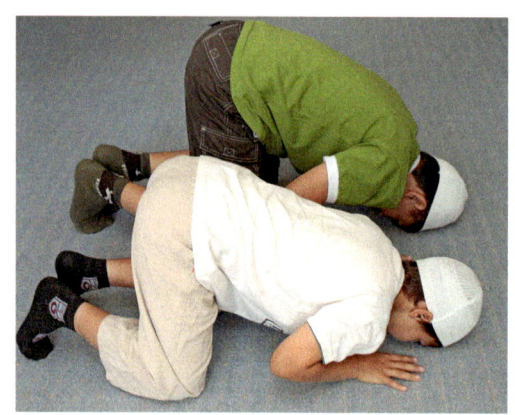

ⓘ Was wisst ihr über den Islam? Was möchtet ihr noch wissen?
Findet euch in Gruppen zusammen und sucht nach Informationen.
Präsentiert eure Ergebnisse in der Klasse.

Muslimische Kunst

Im Islam werden keine religiösen Figuren dargestellt. Daher gibt es auch in der Moschee kein Bild des Propheten Mohammed und kein Bild von Personen aus dem Koran.
Muslime schmücken aber durch kunstvolle Fliesen, Kalligraphien oder Mosaike die Moschee.

Feste und Feiertage

Muslime feiern viele Feste, zum Beispiel das **Opferfest** und das **Ramadanfest,** auch **Zuckerfest** genannt.
Am **Opferfest** denken Muslime an Ibrahim (Abraham). Sie schlachten ein Schaf und teilen das Fleisch mit Armen, Nachbarn und der Familie.
Muslime fasten den ganzen Monat **Ramadan** lang. Sie dürfen in dieser Zeit nur vor Beginn der Morgendämmerung und nach Sonnenuntergang essen und trinken.
Am Ende dieses Fastenmonats feiern sie das Fest des Fastenbrechens, das **Ramadanfest**.

Der besondere Wochentag der Muslime ist der **Freitag**. Zur Mittagszeit gehen Muslime in die Moschee zum Gebet und hören eine Predigt. Der Tag ist jedoch kein Ruhetag, es darf gearbeitet werden.

ⓘ Sucht nach berühmten muslimischen Personen, zum Beispiel Malala Yousafzai oder Mesut Özil. Was findet ihr über sie heraus?

Christentum

Das Christentum ist fast 2000 Jahre alt.
Es beginnt mit Ostern und dem Bekenntnis zu Jesus Christus.

Woran Christen glauben

Christen glauben an einen einzigen Gott.
Sie glauben daran, dass **Jesus Christus**
Gottes Sohn ist. Jesus hat den Menschen
von Gott erzählt und ihnen gezeigt,
dass das Reich Gottes nahe ist.
Die Heilige Schrift der Christen ist die Bibel.
Die **Bibel** hat zwei Teile: das Alte Testament
und das Neue Testament.
Im **Glaubensbekenntnis** der Christen heißt es:
Ich glaube an Gott, den Vater, den Allmächtigen,
den Schöpfer des Himmels und der Erde.
Und an Jesus Christus, seinen eingeborenen Sohn,
unsern Herrn (…) Ich glaube an den Heiligen Geist,
die heilige christliche Kirche,
Gemeinschaft der Heiligen, Vergebung der Sünden,
Auferstehung der Toten und das ewige Leben.
Amen.

Wie Christen beten

Das Vaterunser ist ein
wichtiges Gebet der Christen.
Christen beten zu
verschiedenen Zeiten am Tag,
es gibt aber keine festen
Vorschriften dafür.
Christen danken und loben Gott
in ihren Gebeten, sie bitten und
klagen vor Gott.
Beim Beten können verschiedene
Körperhaltungen eingenommen
werden.

Das Gotteshaus

Die **Kirche** ist das Gotteshaus der Christen.
In der Kirche finden Gottesdienste statt. Viele
Kirchen sind jeden Tag geöffnet.

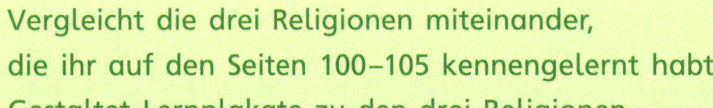

Vergleicht die drei Religionen miteinander,
die ihr auf den Seiten 100–105 kennengelernt habt.
Gestaltet Lernplakate zu den drei Religionen.

Christliche Kunst

Christen haben viele Bilder
mit biblischen Motiven.
Häufig ist Jesus abgebildet,
manchmal auch Gott.
In vielen Kirchenfenstern
sind biblische Geschichten
oder Heilige dargestellt.

Feste und Feiertage

Christen feiern viele
Feste, zum Beispiel
Weihnachten,
Ostern, Pfingsten,
Erntedank.

Der **Sonntag** ist
der Ruhetag der Christen.
Sie feiern Gottesdienst in der Kirche.
Der Pfarrer oder die Pfarrerin gestaltet
den Gottesdienst. Oft wirken Menschen
aus der Gemeinde in den Gottesdiensten mit.

Essen und Trinken

Im Christentum gibt es keine festen Speise-
vorschriften. Viele Christen haben früher
an jedem Freitag, dem Todestag Christi,
auf Fleisch verzichtet. Heute ist dies vor allem
noch an Karfreitag Brauch.
In der Passionszeit, auch Fastenzeit genannt,
verzichten viele Christen freiwillig auf
eine Sache, zum Beispiel Süßigkeiten.

Was muss ein christlicher, ein jüdischer und ein muslimischer Künstler beachten?
Schaut euch Kunstwerke in einer christlichen Kirche an.
Macht Fotos oder fertigt Zeichnungen davon an.

Überall auf der Welt gibt es gläubige Menschen

Die Stammesreligionen der Indianer sowie die Religion der Buddhisten und der Hindus sind schon sehr alt. Auch sie beschäftigen sich mit Fragen des Lebens und versuchen Antworten zu finden.

Die **Buddhisten** haben das Ziel, ein gutes Leben zu führen. Sie sollen sich von der Gier nach den Dingen befreien. Die Tiere und die Pflanzen sind Lebewesen und verdienen deshalb besonderes Mitgefühl.

Hindus ziehen sich an einen stillen Ort zurück, um zu meditieren. Dadurch bekommen sie neue Kraft und befreien sich von belastenden Gedanken.

In einigen **indianischen** Stammesreligionen darf keinem Tier ein Leid zugefügt werden. Indianer sagen, dass die Erde unsere Mutter ist und die Flüsse unsere Brüder. Sie achten die Natur sehr.

Wie gehen diese Religionen mit Tieren und Pflanzen um?
Was bedeutet Meditation? Frage nach.
Welche Religionen gibt es in deiner Umgebung? Mache eine Umfrage.

Jesus ist im Judentum, Christentum und Islam bekannt. Doch die Bedeutung von Jesus ist jeweils anders.
Juden achten ihn als wichtigen Lehrer.
Muslime schätzen ihn als Propheten.
Christen beten zu Jesus als Sohn Gottes und glauben, dass in ihm Gott selbst zu uns Menschen kommt.
Auch **Abraham** ist in diesen drei Religionen bekannt und wird unterschiedlich gesehen.

Was haben alle Religionen eigentlich gemeinsam?

Gibt es eine einzig wahre Religion?

Glauben wir alle an denselben Gott?

Genesis 12,2

Nathan der Weise

Wir loben und wir danken Gott,
dem Herrn der Welten.
Wir preisen Ihn
und bitten Ihn um Hilfe.
Nur Ihm vertrauen wir
und von Ihm erbitten wir Vergebung.

Gebet aus dem Islam

Bibelwerkstatt

Das Wort **Bibel** kommt aus der griechischen Sprache. **Biblia** bedeutet **Bücher**.
In der Bibel sind viele einzelne Bücher zu einem Buch zusammengefasst.
Wenn du das Inhaltsverzeichnis einer Bibel aufschlägst, siehst du,
in welcher Reihenfolge die biblischen Bücher geordnet sind.
Du erkennst auch, dass die Bibel aus zwei großen Teilen besteht,
aus dem Alten Testament **AT** und dem Neuen Testament **NT**.

In unserem Schulbuch findest du viele Angaben von Bibelstellen:
zum Beispiel Psalm 27,1 oder Lukas 3,21–22.

Wenn eine Stelle aus der Bibel angegeben wird,
nennen wir zuerst das biblische Buch.
Die Zahl hinter dem Namen des biblischen Buches
zeigt das Kapitel an.
Nach der Kapitelangabe steht ein Komma,
danach wird ein Vers oder mehrere Verse angegeben.

Lukas 3,21–22

Lukasevangelium, 3. Kapitel, Verse 21 bis 22.

Eine Zahl vor einem biblischen Buch bedeutet,
dass es mehrere Bücher mit diesem Namen gibt.
Es gibt zum Beispiel zwei Bücher Samuel.
Sie werden nummeriert: 1. Samuel, 2. Samuel, …

1. Samuel 16,7

1. Buch Samuel, Kapitel 16, Vers 7

 Schlage eine Bibel auf. Vergleiche die Länge des Alten und Neuen Testamentes.
ⓘ Mit welchen Geschichten beginnt das Neue Testament?
ⓘ Schlage die Bibelstellen auf den Spurensuche-Seiten nach.

Altes Testament

Genesis · Exodus · Levitikus · Numeri · Deuteronomium · Josua · Richter · Rut · 1. Samuel · 2. Samuel · 1. Könige · 2. Könige · 1. Chronik · 2. Chronik · Esra · Ester

Geschichtsbücher

Hiob · Psalter · Sprüche · Prediger · Hohelied

Lehrbücher

Jeremia · Klagelieder · Hesekiel · Daniel · Hosea · Joel · Amos · Obadja · Jona · Micha · Nahum · Haggai · Sacharja · Maleachi

Prophetische Bücher

Neues Testament

Matthäus · Markus · Lukas · Johannes · Apostelgeschichte

Geschichtsbücher

Römer · 1. Korinther · 2. Korinther · Galater · Epheser · Philipper · Kolosser · 1. Thessalonicher · 2. Thessalonicher · 1. Timotheus · 2. Timotheus · Philemon · 3. Johannes · Hebräer · Jakobus · Judas

Lehrbücher/Briefe

Offenbarung

Prophetisches Buch

2. Johannes · Nehemia · Habakuk · 1. Petrus

Ordne die fehlenden Bücher in das Regal ein.
Das Inhaltsverzeichnis einer Bibel hilft dir dabei.

In welchen biblischen Büchern stehen die Geschichten unseres Schulbuches?

109

Mein Weg durch die Bibel

Auf dem Weg durch die Bibel kann ich Antworten auf meine Fragen finden.

Wie kann ich mit Schuld umgehen?

Genesis 25–33
Die Erzählung
von Jakob und Esau

Wer hilft mir, wenn mir alles zu viel wird?

Exodus 1–14
Die Geschichte von Mose und
dem Auszug aus Ägypten

Wie kann ich mein Leben mit Gott führen?

Exodus 20,2–17
Die Zehn Gebote

Ist Gott bei mir?

Psalm 23
Gott, der gute Hirte

Gibt es Hoffnung für die Menschen und die Welt?

Psalm 126
Ein Traum als Gebet

**Wie wird mein Leben
verlaufen?**

Prediger 3,1–8
„Alles hat seine Zeit"

**Ist Jesus wichtig
für mich?**

Matthäus 6,9–13
Markus 7,31–37
Lukas 24
Johannes 3,16
Texte aus den Evangelien

 N T

**Wie kann Gemeinschaft
gelingen?**

Apostelgeschichte 1–2
Menschen begeistern
sich für Gott

**Bin ich für Gott
gut genug?**

Römer 1,17
Eine Bibelstelle
zum Thema „Glaube"

?

Finde zu den Fragen weitere Bibeltexte und Bilder aus dem Buch.
Welche Fragen hast du?

Die Lieder des Schulbuchs mit Noten

Und so geh' nun deinen Weg → Seite 8

Text und Musik:
Clemens Bittlinger
© beim Autor

Refrain

Und so geh' nun dei-nen Weg oh-ne Angst und voll Ver-trau'n, dass du

nicht al-lei-ne gehst, da-rauf kannst du bau'n. Got-tes

gu-ter Se-gen zieht mit dir in's Land und auf al-len We-gen

hält dich sei-ne Hand. Got-tes gu-ter Se-gen zieht mit dir in's Land und auf

al-len We-gen hält dich sei-ne Hand.

Strophen

1. Du bist sei-ne Per-le, Got-tes Schatz bist du, du bist ein-zig-ar-tig

und nur du bist du. Nie-mand kann so la-chen, nie-mand weint wie du,

wenn es dich nicht gä-be, feh-len wür-dest du.

2. Du bist in der Wüste, in der Dunkelheit
   niemals ganz verlassen, denn für alle Zeit
   wird der gute Hirte schützend bei dir sein.
   Auch in schweren Zeiten bist du nicht allein.

Gebet → Seite 17

Text und Musik:
Hella Heizmann, © 1995 Gerth
Medien Musikverlag, Asslar

Strophe

D — Em⁷ — C — G

1. Manch - mal, wenn ich mit dir re - den will,

Am⁷ — G

hab ich ein ko - mi - sches Ge - fühl.

D — Em⁷ — D/Fis — G

So vie - le Leu - te woll'n was von dir,

Em — C⁹ — D

wird dir das nicht auch mal zu viel?

Refrain

G — D/Fis — Em — Hm⁷

Se - he dich nicht, hö - re dich nicht,

C — G — Am⁷ — Am⁷ D

weiß nur, dass du ir-gend-wo un - sicht - bar nah bist.

G — D/Fis — Em — Hm⁷

Sag dir Hal - lo, wün - sche mir so,

C — G — D — G

dass du an mich denkst und mich nicht ver - gisst.

2. Kannst du wirklich jedes Wort verstehn
in allen Sprachen dieser Welt?
Wenn einer stumm ist,
hörst du das auch?
Zeigst du ihm, dass das gar nicht zählt?

3. Manche sagen danke, manche nicht,
wenn die Gefahr vorüber ist.
Macht dich das traurig,
weil sie nicht sehn,
dass in Not du der Helfer bist?

Gott geht mit → Seite 27

Wo - hin wir_ auch gehn, selbst wenn wir Gott nicht sehn,

in Hö - hen_ und Tie - fen, in de-nen wir_ ihn rie-fen,

lässt er uns nicht al- lein, will spür-bar bei_ uns sein,

denn bei je - dem_ Schritt geht Gott mit,

denn bei je - dem_ Schritt geht Gott mit.

Text: Micaela Röse, Sebastian Schade, Melodie: Sebastian Schade.
Aus: Religion 2. Klasse, Christian Gauer, Marcus Gross,
Sabine Grünschläger-Brenneke, Micaela Röse
© Persen Verlag, Buxtehude – AAP Lehrerfachverlage GmbH

Druck, Druck, Druck! → Seite 39

Druck, Druck, Druck! Wer will denn le-ben un-ter

Druck, Druck, Druck? Gott, hörst du mich schrei'n,

kannst du mich be-frei'n von dem Druck, Druck, Druck?

1. Fünf jun-ge Frau-en, sie leis-ten Wi-der-stand. Sie

müs-sen sich was trau-en, er-rei-chen al-ler-hand.

2. Männer und Frauen
damals und auch heut',
die müssen sich was trauen,
wenn Unrecht g'schieht den Leut'.

3. Schaut auf die Schwachen
in unsrer kleinen Stadt.
Wir müssen etwas machen,
dass Druck ein Ende hat.

4. Gott will befreien
auch mich von Druck und Frust.
Er hört mein lautes Schreien,
schenkt Trost und Lebenslust.

5. Froh sind wir alle
Mann und Frau und Kind.
Gott schenkt uns Freiheit,
das Leben nun beginnt.

Text und Musik: Ulrike von Altrock

When Israel was in Egypt's land → Seite 47

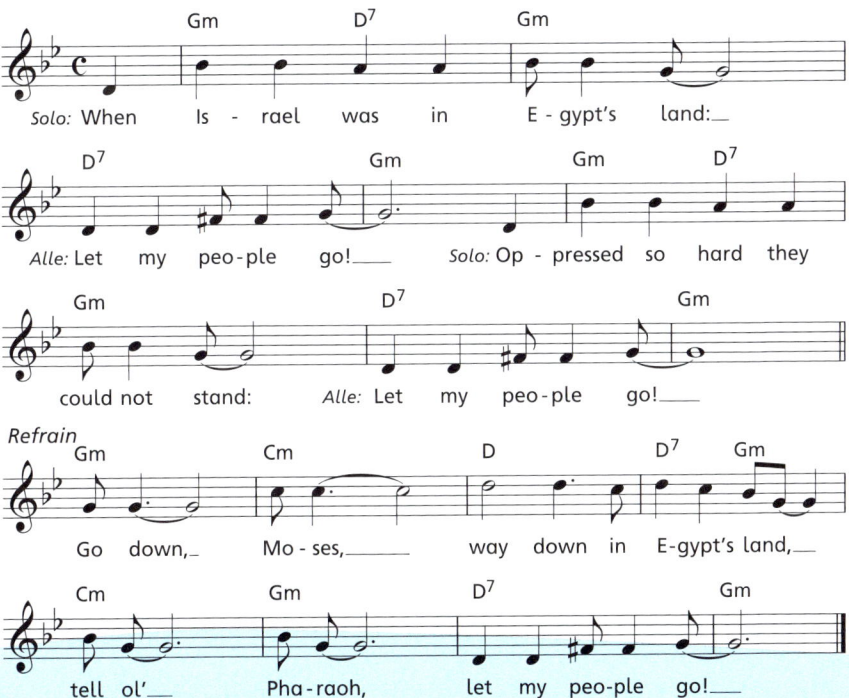

Solo: When Is-rael was in E-gypt's land:—

Alle: Let my peo-ple go!— *Solo:* Op-pressed so hard they

could not stand: *Alle:* Let my peo-ple go!—

Refrain
Go down,— Mo-ses,— way down in E-gypt's land,—

tell ol'— Pha-raoh, let my peo-ple go!—

Text und Musik: Spiritual

Macht hoch die Tür → Seite 66

1. Macht hoch die Tür, die Tor__ macht weit,

es kommt der Herr der Herr - lich - keit,

ein Kö - nig al - ler Kö - nig - reich,

ein Hei - land al - ler Welt_ zu - gleich,

der Heil und Le - ben mit_ sich bringt;
der - hal - ben jauchzt, mit Freu - den singt:

Ge - lo - bet sei mein Gott,____

mein Schöp - fer reich_ von Rat.__

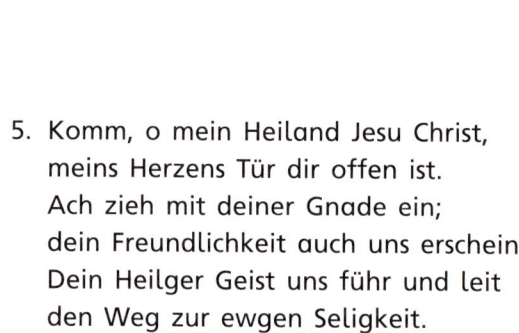

5. Komm, o mein Heiland Jesu Christ,
meins Herzens Tür dir offen ist.
Ach zieh mit deiner Gnade ein;
dein Freundlichkeit auch uns erschein.
Dein Heilger Geist uns führ und leit
den Weg zur ewgen Seligkeit.
Dem Namen dein, o Herr,
sei ewig Preis und Ehr.

Text: Georg Weissel 1642; Musik: aus Halle 1704

Ich möcht', dass einer mit mir geht ➜ Seite 75

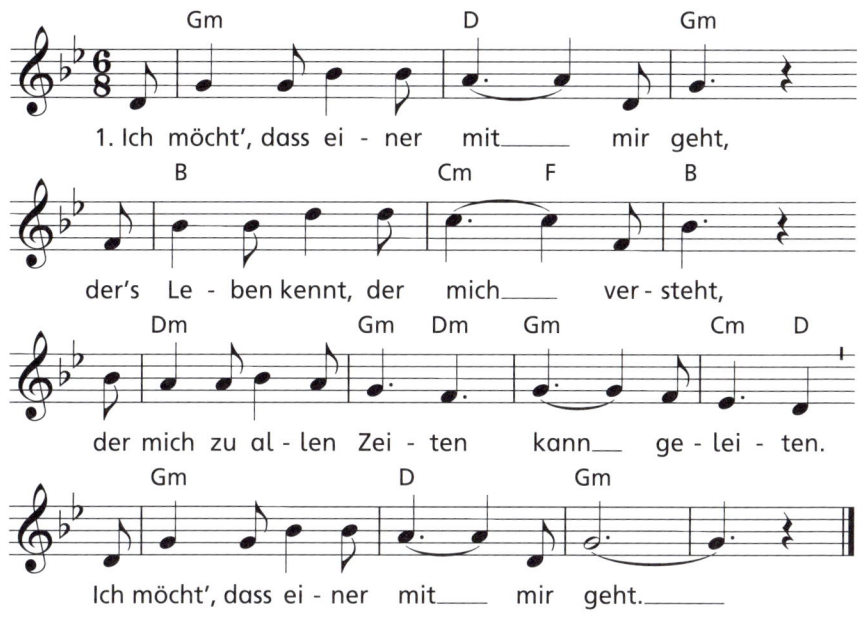

1. Ich möcht', dass ei - ner mit___ mir geht,
der's Le - ben kennt, der mich___ ver - steht,
der mich zu al - len Zei - ten kann___ ge - lei - ten.
Ich möcht', dass ei - ner mit___ mir geht.___

2. Ich wart', dass einer mit mir geht,
   der auch im Schweren zu mir steht,
   der in den dunklen Stunden mir verbunden.
   Ich wart', dass einer mit mir geht.

3. Es heißt, dass einer mit mir geht,
   der's Leben kennt, der mich versteht,
   der mich zu allen Zeiten kann geleiten.
   Es heißt, dass einer mit mir geht.

4. Sie nennen ihn den Herren Christ,
   der durch den Tod gegangen ist;
   er will durch Leid und Freuden mich geleiten.
   Ich möcht', dass er auch mit mir geht.

Text und Musik: Hanns Köbler 1964; © Gustav Bosse Verlag, Kassel

Meinem Gott gehört die Welt

→ Seite 76

1. Mei - nem Gott ge - hört die Welt,
mei - nem Gott das Him - mels - zelt,
ihm ge - hört der Raum, die Zeit,
sein ist auch die E - wig - keit.

2. Und sein Eigen bin auch ich.
Gottes Hände halten mich
gleich dem Sternlein in der Bahn.
Keins fällt je aus Gottes Plan.

3. Wo ich bin, hält Gott die Wacht,
führt und schirmt mich Tag und Nacht.
Über Bitten und Verstehn
muss sein Wille mir geschehn.

4. Täglich gibt er mir das Brot,
täglich hilft er in der Not.
Täglich schenkt er seine Huld
und vergibt mir meine Schuld.

5. Leb ich, Gott, bist du bei mir,
sterb ich, bleib ich auch bei dir.
Und im Leben und im Tod,
bin ich dein, du lieber Gott.

Text: Arno Pötzsch, Musik: Christian Lahusen
© Bärenreiter-Verlag, Kassel

Von guten Mächten

→ Seite 77

Strophe

1. Von gu - ten Mäch - ten treu und still um - ge - ben,
be - hü - tet und ge - trös - tet wun - der - bar,
so will ich die - se Ta - ge mit euch le - ben
und mit euch ge - hen in ein neu - es Jahr.

Refrain

Von gu - ten Mäch - ten wun - der - bar ge -
bor - gen er - war - ten wir ge - trost,
was kom - men mag. Gott ist mit uns am
A - bend und am Mor - gen
und ganz ge - wiss an je - dem neu - en Tag.

Text aus: Dietrich Bonhoeffer, Widerstand und Ergebung
© 1998, Gütersloher Verlagshaus, Gütersloh, in der Verlagsgruppe
Random House GmbH;
© Musik: ABAKUS Musik Barbara Fietz, 35753 Greifenstein

Asante sana Yesu

➜ Seite 93

A - san - te sa - na Ye - su, a -
Wir dan - ken dir, Herr Je - su, wir

san - te sa - na Ye - su, a - san - te sa - na
dan - ken dir, Herr Je - su, wir dan - ken dir, Herr

Ye - su mo - yo - ni._____ A -
Je - su, ja nur dir._____ Wir

san - te sa - na Ye - su, a - san - te sa - na
dan - ken dir, Herr Je - su, wir dan - ken dir, Herr

Ye - su, a - san - te sa - na
Je - su, wir dan - ken dir, Herr

Ye - su mo - yo - ni._____
Je - su, ja nur dir._____

Text und Musik:
aus Tansania;
deutsche Übertragung:
Martin Kirchner 1982
© Strube Verlag GmbH,
München

Wir gehen aufeinander zu

➜ Seite 99

Refrain

Ju - den, Chris - ten und Mus - li - me le - ben hier in uns-'rem Land,

ha - ben ih - ren eig - nen Glau - ben, man - ches ist uns nicht be - kannt.

Ju - den, Chris - ten und Mus - li - me wol - len sich noch mehr ver - steh'n,

stel - len ge - gen - sei - tig Fra - gen, kön - nen neu - e We - ge geh'n.

Strophe

1. Du bist__ Mus - lim. Ich möch - te dich ver - steh'n. Er -

zäh - le mir von Gott. Wie re - dest du mit ihm?

2. Du bist Jude.
   Ich möchte dich versteh'n.
   Erzähle mir von Gott.
   Wir redest du mit ihm?

3. Du bist Christ.
   Ich möchte dich versteh'n.
   Erzähle mir von Gott.
   Wir redest du mit ihm?

Text: Edelgard Moers /
Melodie: Martin Buntrock

Quellennachweis

Texte

Bibelzitate aus: Lutherbibel, revidiert 2017, © 2016 Deutsche Bibelgesellschaft, Stuttgart.
Mit „nach ..." oder „aus ..." gekennzeichnete Texte sind freie Nacherzählungen einer Bibelstelle.

S. 9 Hanns Dieter Hüsch, Psalm. Ich bin vergnügt ... Aus: Hanns Dieter Hüsch / Uwe Seidel, Ich stehe unter Gottes Schutz. tvd-Verlag, Düsseldorf 2003, S. 140. **S. 10** Schülerzitate aus den Grundschulen Steingaden und Hohenfurch **S. 12–13** Edith Schreiber-Wicke, Achtung! Bissiges Wort! © 2004 Thienemann in der Thienemann-Esslinger Verlag GmbH, Stuttgart. **S. 15** Auszug aus Martin Luther Kings Rede: „Ich habe einen Traum ..." vom 28. August 1963. **S. 41** Rainer Oberthür, Ich bin der ICH-BIN-DA. Aus: Die Bibel für Kinder und alle im Haus. Erzählt und erschlossen von Rainer Oberthür. Mit Bildern der Kunst ausgewählt und gedeutet von Rita Burrichter, Kösel Verlag, München ⁵2007, S. 89. **S. 94** Text über „Plant-for-the-Planet", © Plant-for-the-Planet **S. 95** Gebet aus Papua Neuguinea, Quelle: www.steyler-mission.de/de/glaube-gebet/gebete-aus-aller-welt/Gebet-aus-Papua-Neuguinea2.php am 20.10.2016

Lieder

S. 8 / 112 Und so geh' nun deinen Weg. Text und Musik: Clemens Bittlinger, © Clemens Bittlinger. **S. 17 / 113** Gebet. (Manchmal, wenn ich mit dir reden will ...). Text und Musik: Hella Heizmann, © Gerth Medien Musikverlag, Asslar.
S. 27 / 114 Gott geht mit. (Wohin wir auch gehen ...). Text: Micaela Röse/Sebastian Schade, Musik: Sebastian Schade, © AAP Lehrerfachverlage, Buxtehude. **S. 35** Mutmach-Rap. Text: Edelgard Moers, Musik: Martin Buntrock, © Calwer Verlag, Stuttgart/Diesterweg, Braunschweig. **S. 39 / 115** Druck, Druck, Druck! Text: Ulrike von Altrock, Musik: Ulrike von Altrock, © Calwer Verlag, Stuttgart/Diesterweg, Braunschweig.
S. 42 / 115 Druck, Druck, Druck! (5. Str.: Froh sind wir alle ...). Text: Ulrike von Altrock, Musik: Ulrike von Altrock, © Calwer Verlag, Stuttgart/Diesterweg, Braunschweig. **S. 47 / 115** When Israel was ... Text und Musik: Spiritual, traditionell.
S. 66 / 116 Macht hoch die Tür. Text: Georg Weissel (1642), Musik: aus Halle (1704). **S. 75 / 117** Ich möcht', dass einer mit mir geht. Text und Musik: Hanns Köbler, © Gustav Bosse Verlag, Kassel. **S. 76 / 118** Meinem Gott gehört die Welt. Text: Arno Pötzsch, Musik: Christian Lahusen, © Bärenreiter-Verlag, Kassel. **S. 77 / 118** Von guten Mächten. Text: Dietrich Bonhoeffer, aus: Widerstand und Ergebung © 1998 Gütersloher Verlagshaus, Gütersloh, in der Verlagsgruppe Random House GmbH, Musik: Siegfried Fietz © ABAKUS Musik Barbara Fietz, 35753 Greifenstein **S. 93 / 119** Asante sana Yesu. Text und Musik: aus Tansania, deutsche Übertragung: Martin Kirchner 1982 © Strube Verlag GmbH, München. **S. 99 / 119** Juden, Christen und Muslime. Text: Edelgard Moers, Musik: Martin Buntrock, © Calwer Verlag, Stuttgart/Diesterweg, Braunschweig.

Abbildungen

|123RF.com, Hong Kong: Hoetink, Robert 71. |akg-images GmbH, Berlin: 20, 40, 52, 80; Held, André 18; Marc Chagall, Die Erschaffung des Menschen © VG Bild-Kunst, Bonn 2018 18. |alamy images, Abingdon/Oxfordshire: Perry, Mike 106; Rout, Chris 36, 110. |Arbeitsgemeinschaft Christlicher Kirchen in Deutschland e.V., Frankfurt/Main: 26, 86, 95. |Banning, Beth - PuddleDancer Press, Encinitas: 14. |Calwer Verlag GmbH, Stuttgart: 48, 48; aus: Christian Butt, Evangelisch - Was ist das? 2011/Zeichnerin: Jana Pump 87, 119. |Communitaet Christusbruderschaft Selbitz, Selbitz: 92, 92. |Fondation Rau, Zürich: P. Schälchli 79. |fotolia.com, New York: Berger, Andrea 24; contrastwerkstatt 10, 111; Liudmyla, Soloviova 68; Schwier, Christian 10. |Freudenberger-Lötz, Petra, Kaufungen: Louisa Kellermann, Niederkaufungen 28, 28, 28, 28. |Getty Images, München: Corbis/Savage, Chuck 68, 110; Dazeley, Peter 71; Summerfield Press/Corbis 50. |Getty Images (RF), München: Image Source Titel. |Guckes, Angelica, Leinfelden-Echterdingen: 10. |Haering, Rita, Frankfurt: 73, 111. |Hundertwasser Archiv, Wien: Friedensreich Hundertwasser, Werk 937 UNENDLICHKEIT GANZ NAHE © 2018 NAMIDA AG, Glarus/Schweiz 19. |iStockphoto.com, Calgary: Global Stock Titel; naphtalina 68, 111; PeterHermesFurian 87. |Itze, Ulrike, Ladbergen: 72, 72, 72, 72. |Keystone Pressedienst, Hamburg: Knackfuss, Mai-Inken 36. |KNA - Katholische Nachrichten-Agentur, Bonn: 46. |Lindenberg, Udo: 44. |Maletzke, Helmut, Greifswald: „Erscheinung" © VG Bild-Kunst, Bonn 2018, vertreten durch Internet- & Medienberatung Bernd Lieschefsky, Greifswald 18. |mauritius images GmbH, Mittenwald: Science Source/New York Public Library 18. |Moers, Jürgen, Dorsten: 15, 20, 20, 20, 21, 21, 21, 21, 22, 23, 23, 23, 23, 23, 24, 24, 24, 26, 27, 30, 31, 34, 35, 47, 49, 52, 54, 56, 63, 67, 71, 73, 77, 77, 77, 84, 84, 84, 87, 87, 90, 95, 98, 98, 98, 98, 98, 98, 98, 98, 101, 102, 103, 104, 105, 106, 106, 106, 106, 107, 107, 110, 111; Illustration aus: Eleonore Beck, Wir feiern das Kirchenjahr © 2004 Butzon & Bercker GmbH, Kevelaer, www.bube.de 35. |Moritz Verlag GmbH, Frankfurt/Main: